Parenting
with
Love and
Wisdom

这样爱你刚刚好，我的高一孩子

朱永新 孙云晓 孙宏艳 主编
蓝玫 副主编 孙宏艳 本册作者

湖南教育出版社

编 委 会

把幸福还给家庭（代序）

父母的教育素养，直接影响甚至决定着孩子的发展。

在教育中，家庭是成长之源。一个人的一生有四个重要的生命场：母亲的子宫、家庭、学校和职场。其他三个场所随着时间改变，家庭却始终占据一半的分量，是最重要的场所。孩子的成长，最初是从家庭生活中得到物质和精神的滋养。人生从家庭出发，最后还是回到家庭。

在家庭教育中，父母的成长是孩子成长的前提。家庭教育不只是简单的教育孩子，更是父母的自我教育。没有父母的成长，永远不可能有孩子的成长。与孩子一起成长，才是家庭教育最美丽的风景，才是父母最美好的人生姿态！抚养孩子并不仅仅是父母的任务，也是父母精神生命的第二次发育。对孩子的抚育过程，是父母自身成长历程的一种折射。如果父母能够用心梳理孩子的教育问题，就能回顾和化解自己成长中出现的问题，就能实现精神生命的第二次发育，再次生长。

过一种幸福完整的教育生活，是家庭教育的根本朝向。"幸福"不仅仅是教育的目标，更是人类的终极目标。幸福教育是幸福人生的基础。新教育实验的理想，就是让人们快乐、自主地学习，真正地享受学习生活，发现自己的天赋与潜能，在和伟大事物遭遇的过程中发现自我、成就自我。教育本来就是增进幸福的重要途径。挑战未知，合作学习，应该是非常幸福的。所以，家庭应该和学校、社区一道，努力创造让孩子幸福成长、快乐学习的环境。把童年还给孩子，把幸福还给家庭，是我们这套教材的核心理念。

"完整"的内涵比较丰富，但最重要的精神就是让孩子成为他自己。现在教育很大的问题，就是用统一的大纲、统一的考试、统一的评价，把本来具有无限发展可能的人变成了单向度的人。我们的教育是补短，就算把所有的短补齐了，也只是把所有的孩子变成一样了，而不是扬每个孩子所长。其实，真正的教育应该扬长避短。人什么时候最幸福？发现自己才华，找到自己值得为之付出一生努力的方向，能够痴迷一件事情，实现自己的梦想，一个人在这时才是最幸福和快乐的。这就是新教育所说的完整幸福。

如今，教育是父母最关注的问题，但家庭教育却在父母的焦虑中常常脱离了正确的轨道。为了"幸福完整"这一目标，我们的父母应该建设一个汇聚美好事物的家庭，自身也应该成为美好的人，从而帮助孩子成为更好的自己。

理念比方法更重要，但并不意味着方法没有价值，相反，只有好的方法才能让好的理念真正落地。因此，我们邀请了知名教育研究机构的相关专家，精心编写了这套新父母系列教材。这是国内第一套从孕期开始直到孩子成为大学生的父母系列读本，希望能够为不同年龄、不同阶段孩子的父母提供蕴藏正确理念的有效家庭教育方法。

父母对孩子的爱，再多也不嫌多。父母如何爱孩子？随着时代的变迁，方法也在不断改变。如何才能更好地爱？我们以"智慧爱"的理念，探索着充满智慧的、恰到好处的爱的方法，对此还在不断研究之中，这套书也会不断修订。希望广大父母读者及时提出意见与建议，让我们一起完善这套书，让我们对自己、对孩子、对世界，都能爱得刚刚好。

朱永新

2017年6月16日写于北京滴石斋

目录

1

站在青春的拐点上

1. 了解高一孩子的生理发育特点

9月，高杉迈入了他心仪已久的高中。还是在初中时，高杉就把进入这所学校作为自己的中考目标，因为他知道这所学校教学质量高，教学设施齐备，课外活动丰富，身边的几个好朋友也都想上这所学校。可是，进入这所学校还没有一个月，高杉就有些闷闷不乐，每天情绪都不高。爸爸妈妈看在眼里，急在心上。通过和儿子聊天，爸爸了解到高杉的郁闷来自班里安排座位和介绍自我。

进入高中一年级（6）班后，老师首先给同学们按照大小个儿安排了座位。高杉因为个头不高，被排在第一排的中间位置，和一个女生同桌。然后，老师请大家做自我介绍。高杉站起来说："我叫高杉，杉树的杉，就是那种长得好高好高的树。"他话音刚落，同学们就笑起来。放学后，和他一起升入这所高中的原初中同学刘浩然就和他开玩笑说："你说你，怎么介绍自己不行啊？还'我叫高杉'，还'好高好高的树'！你怎么老不长个儿啊，坐在老师的眼皮底下，你上课不紧张吗？"本来高杉就有些郁闷，一下子被刘浩然戳中心病，他更加烦躁，瞪了刘浩然一眼，也不多说话就骑车回家了。

这件事成了高杉的心病。他怪爸爸妈妈给他取名叫高杉，也怪爸爸妈妈给他遗传了不高的个子。他还悄悄地怪自己真傻，干吗要说自己就是那种"好高好高的树"。高杉越想越心烦，突然觉得自己当初不应该选择上这所学校了。

其实，他的爸爸妈妈心里也很着急。看着人家的孩子都长得飞快，自己家的孩子吃得不少，营养也充足，可就是不长个儿，心里怎么能不着急？高杉的爸爸妈妈个子都不高。当初，他们给儿子取名"杉"，就是希望孩子能长得高大挺拔。

高中一年级真是一个特殊的年级。从学业上来说，孩子离开初中升入了高中，从此开始了高中生活。高中阶段是一个与初中有较大差异的学习阶段，无论是学习方式还是学习任务都有较大的变化。从青春期发育来说，高中一年级也是非常独特的一年。这一年里，孩子告别少年期，开始将青春的脚步踏入青年的领地。因此，高中一年级可以说是一个拐点，从少年期拐向青年期。这一年，孩子的身体发育会有很多变化，但是变化比较温和，可能不再像初中三年级时那样猛烈。但是，身体变化给孩子带来的心理冲击并未减弱，孩子可能会因为与他人"不一样"的发育而懊恼、彷徨。

所以，身为高一年级学生的父母，了解孩子这一年的身心发育变化是第一件要做的事情。因为在孩子们的心中，身高、体型、外貌形象等都占有非常重要的位置，这些对他们的影响程度不亚于学习成绩。父母只有了解这些情况，才能更好地去引导孩子，才能帮助孩子用喜悦的心情享受独特的青春时光。

成长密码	具体表现
大多数孩子的身高增长速度变慢	◇一般来说，多数孩子的身高在15岁左右结束快速增长期 ◇男生比女生发育晚，因此一部分男生还会在高中阶段有一小段"疯长"的时间，有可能持续到高一、高二
体重增长依然明显	◇和初中生相比，高中生的体重增长还在持续 ◇与初中不同的是，高中阶段，孩子的肌肉增多，水分减少，因此在体形上会看起来紧密一些 ◇男生肌肉增长快，女生脂肪增长快
身体素质的发展或缓慢或停滞	◇除了身高、体重、心肺功能的变化等以外，孩子的身体素质也发生了一定的变化 ◇高中一年级时，男生的身体素质发育大多处于缓慢增长阶段，女生的身体素质发育大多处于停滞或下降阶段
小脑仍在持续发育	◇和初中相比，孩子的大脑发育已经基本完成，但是小脑仍在发育，会一直发育到25岁左右 ◇随着小脑的不断发育，高中生的决策能力、解决复杂问题的能力等都比初中生有较大的进展
性的发育进一步成熟	◇到初中结束，无论是男生还是女生，绝大多数学生的第二性征已经发育完全 ◇在高中阶段，性的发育会逐步深入，男生与女生的生殖器官发育进一步成熟

小贴士

在高中阶段，由于人体中骨的内部结构的变化，身体的长势也有所侧重：人体的下肢骨在十六七岁以后骨化迅速，这时身高的增长点主要在下肢骨。所以，处于青春期的孩子，身高的增长要看下半身的长势。到 21 岁左右，脊柱的椎体骨化才完成。所以，一般孩子的身高在青年期要看上半身的长势。

——摘自孙云晓、弓立新《现代家庭教育智慧丛书（高中版）》

了解孩子生理发育的基本规律

孩子仿佛是父母种植的"庄稼"，要想估计其未来的长势，首先要了解这个群体的基本规律。父母要了解高中一年级学生生理发育的基本特点，并把这些特点作为自己的孩子成长的参考依据。父母在了解这些规律的同时，也要知道每个个体的发育速度是不同的，总有一些孩子早熟或晚熟。孩子的生理发育速度与遗传、运动、饮食、睡眠等因素都有密切的关系，并非全部由遗传决定，但是遗传几乎有 80% 的影响力。

积极引导早熟或晚熟的孩子

正如高杉遇到的烦恼那样，生活中还有很多孩子会因为生理发育的速度与他人不一样而焦虑。不仅发育晚的孩子有压力，就是发育早的孩子也有压力。研究发现，早熟的男孩大多比较有心理优势，他们对自己的身体形象比较满意，长得高、健壮，看起来比较有力，动作协调，或许还有某些体育方面的天赋。父母也因此比较满意或得意。

早熟的女孩以及晚熟的女孩和男孩在心理上有各自的压力。例如，女孩如果早熟，身材可能看起来比较丰满，也显得胖一些。加上早熟导致的性心理比较成熟，她们对自己的形象会格外在意。晚熟的女孩看到别人发育较完全而自己发育较晚，心里也有一定的压力，担心别人取笑，因此对自己的形象有消极的评价。晚熟的男孩则和高杉一样，会受到自卑的困扰，觉得自己处处不如别人。父母要关注孩子的发育速度，对早熟或晚熟的孩子多进行积极的引导，让孩子看到自身的长处与闪光点，从而对自己有更多积极的评价。

给孩子带来积极的身体映像

所谓身体映像，就是一个人对自己身体特征的态度和反映。身体映像会影响青少年对自我的评价与判断，是青少年形成自我概念的核心要素。孩子对自己的身体满意，会形成较健康的心理品质。因此，父母要注意多赞美自己的孩子：也许孩子的体形微胖，但是他可能皮肤白皙；也许孩子的脸上正长着青春痘，但是他身材健壮；也许孩子的个子有些矮，但是他动作灵活；也许孩子皮肤黝黑，但是他高大挺拔……总之，只要父母用积极的心态去评价孩子，经常赞美孩子的某些身体特征，就能促使孩子形成积极的自我评价，从而悦纳自己的身体映像。

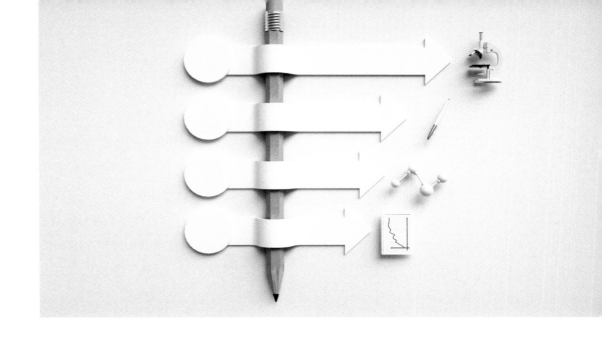

鼓励孩子欣赏当下的"我"

不同年龄阶段的人有不同的美，少年时代的人有天真无邪的美，青年时代的人有成熟健康的美，中年时代的人有丰满健硕的美……父母要多引导孩子了解自我，尤其是要对自我的身体映像有全面的觉知。也就是说，只有孩子对自己的身体、容貌等有全面的认识与了解，才能客观地评价自己，由衷地欣赏自己。有的孩子经常埋怨自己的眼睛太小、鼻子太大、鼻梁不够挺拔等，这是因为他只看到了自己容貌的一部分，没有全面地去觉知与评价自己。父母可以多拿同龄人的形象与孩子进行讨论，也可以把电视上、健美杂志上、网络上的一些名人形象作为话题与孩子讨论，使孩子认识到金无足赤、人无完人，每个人都有自己的美，也都有自己的缺陷，从而引导孩子积极地欣赏当下的"我"。

2. 了解高一孩子的心理发育特点

　　妈妈发觉高杉进入高中以后变化很大。初中时，高杉虽然已经是大小伙子了，可是他还是很愿意和爸爸妈妈说笑，每天晚饭时间、双休日的两天，高杉都和爸爸妈妈有说有笑，出去散步也淘气得不行，见到邻居家的小狗也要逗一逗、摸一摸。假期去奶奶家时，他还喜欢躺在奶奶的腿上看书呢。可是，进入高中没多久，高杉就和以前大不相同了。最大的变化是高杉讲话少了，经常自己待在房间里，和爸爸妈妈打打闹闹的时间极少。妈妈说："现在摸不清儿子在想什么，和初中时大不一样，似乎他的想法都藏在心里，看不出他每天有多少喜怒哀乐的事情。初中时，他经常犟嘴、爱抱怨，现在这些情形也少了，好像逆反不那么严重了，是不是他转换了逆反的方式，变成消极抵抗了？"

　　事实上，高杉的变化是很多进入高中阶段的孩子都会有的现象。进入高中阶段，意味着孩子正式跨入了青年期。随着生理发育进一步成熟与稳定，孩子的情绪和初中时相比更加稳定，即使冲动也比初中三年级时温和了很多。因此，和初中三年级时相比，高中阶段的孩子更像"大人"。

成长密码	具体表现
孩子的自我意识比初中时更强烈	◇生理上的发育促进了自我意识的进一步成熟 ◇他们更加喜欢独立解决问题，希望有自己的独立空间，尤其不喜欢父母为自己安排各种事情，也不喜欢被父母或老师指挥或评价
日常行为上有更强的自主性	◇孩子们更有主意了，他们做什么事都不愿意先征求父母的意见，更不喜欢父母指手画脚地给他们制订一些规矩 ◇经常对父母的唠叨嫌烦
情感更加内隐含蓄	◇进入高中也就那么几个月，但是在孩子的心理上却是一条分界线、一个分水岭 ◇认为自己长大了，因此在情感上不再像小时候那样"咋咋呼呼"，原来多话的孩子甚至变得沉默，原来整天嘻嘻哈哈的孩子有可能变得腼腆
情绪更加沉稳平和	◇到高中阶段，多数孩子的叛逆情绪逐渐没有那么强烈 ◇孩子的大脑发育与思维发展使他们对事情的认识更加全面、更加深入，也更能够控制自己的情绪
心理上时常多种矛盾并存	◇进入青春期的高中生，常常有些自相矛盾的心理 ◇高一的孩子正站在青春的拐点上，要么向左，要么向右，心理变化也常常阴晴不定

青春期的家庭教育以尊重为原则

孩子进入高中阶段，自我意识增强比较明显，会形成一些这个年龄段比较特殊的心理特征。父母不仅要了解孩子的心理变化，更要尊重这种心理变化，给孩子必要的尊重。例如，尊重孩子的想法，尊重他们的独立需求，给孩子留有一定的空间。即使是为孩子好，也要注意方法。记得一名高中生说过："我希望我爸爸妈妈不要扑上来对我，只要在我需要的时候他们给我帮忙就行了。""扑"这个词非常形象地表达了孩子的心声，父母过于强势的爱，反而会成为孩子的压力。

与孩子适度分离

人的一生都在经历分离的过程。孩子离开母亲的子宫是第一次分离。随着逐渐长大，自我意识增强，孩子对分离的需求越来越强烈。从婴幼儿期到青春期，孩子一直都在做着与父母、与家庭的分离运动。青春期可以说是孩子与父母心理上分离的最后时期，最终孩子离开父母，离开家，开始独立的人生。因此，父母在这一阶段要多注意与孩子之间在心理上的剥离。有的父母习惯性地继续大包大揽孩子的生活，为孩子安排日常活动或做计划，这样孩子就会与父母亲密地黏在一起，情感纠结，爱恨交加。有的父母认为孩子该长大了，因此把孩子推得很远，对孩子关注较少。在这样的环境下长大，孩子会感到被拒绝、被否定。这两种情况都无法形成健康的分离。懂得分离才是真爱，适度分离就是要把孩子看作独立的人，尽可能让他们自己做决定。

小贴士

与家分离的三种形式

成熟分离：爱家，但又喜欢独立。

拒绝分离：恋家，无法独立。

单纯分离：逃离家庭，拒绝与家庭继续保持联系。

——摘自武志红《为何家会伤人》

协助孩子寻找新的精神引领

小时候，在孩子的心中，父母无所不能。但是，当孩子开始与家庭、与父母逐渐分离时，他们对父母的看法也越来越客观。他们会发现，父母原来是有弱点或缺点的，父母在某些方面也有不足之处。这时，孩子需要新的精神引领。因此，孩子会在心中有自己的偶像。这些偶像可能是身边的朋友或明星，也有可能是科技英雄、商业精英或者文学巨匠。父母要尊重孩子的自主选择，引导孩子发现偶像身上值得学习的好品质。这也是协助孩子与父母做健康心理分离的好办法。

3. 了解高一新生特有的心理特点

    进入高中后，高杉参加了学校的月考。但是，首次月考就给高杉来了个"下马威"。初中时，高杉的成绩非常不错，经常在学校里名列前茅，这也是他能够考上心仪已久的高中的主要原因。但是，进入高中后，高杉明显松懈下来，可能是一下子没有了中考压力的缘故吧，也可能是刚刚经历了中考，需要一些缓冲。总之，高杉明显觉得自己学习起来没劲头了。不仅学习没劲头，别的事也让他觉得没味，整天就想着看网络小说，有时还和朋友玩网络游戏。爸爸妈妈对高杉的行为很生气，总是跟他说"现在不努力，高考马上就到了"之类的话。可是，他们越催促高杉，高杉就越提不起精神。和初中不同，上课时高杉也不爱发言了，老师不叫他的名字，他很少举手。老师对他的评价是"蔫儿淘"，也就是不声不响地淘气，既不像有些淘气的学生那样搞出些事情来，也不像有些学生那样稳扎稳打。

    高中一年级和初中一年级、小学一年级一样，都是一个崭新的学习阶段的开始。高中一年级的学生在生理上基本成熟与稳定，在心理上也有了较成熟的发展。但是，他们在发展任务、熟悉环境、人际关系、学习方式、自我成长等方面也需要适应很多新的挑战。高中一年级是整个高中阶段的关键期，也是孩子从未成年人阶段开始跨入准成年人阶段的转折期。高中一年级形成的心智模式和行为习惯对整个高中阶段的发展都有重大的影响。父母有必要了解高中一年级新生这一时期独特的心理特点，帮助孩子顺利地度过高中一年级。

成长密码	具体表现
高中一年级的孩子容易产生懈怠心理	◇经过紧张的中考之后，孩子在心理上难免会感到一阵轻松 ◇考试成绩理想，进入喜欢的学校，孩子会觉得松了一口气——"我可得好好休息一下了！"考试成绩不理想的孩子，容易心灰意懒，在学习与生活上会松懈
高中一年级的孩子容易产生自卑心理	◇进入新的环境，同学之间难免会产生新的比较。成绩、个子、相貌、身材、家境等都会成为比较的对象 ◇在比较中了解自己、给自己定位，是中学生特有的心理特征 ◇有的孩子在过去的学校里有心理优势，升入高中后可能会觉得成绩、长相、才艺、个头等不如别人
高中一年级的孩子容易产生紧张心理	◇"新"的变化会让孩子产生不适应感，他们在心理上会感到紧张 ◇尤其在开学后的前两个月，孩子的紧张心理强度比较大
高中一年级的孩子容易产生孤独心理	◇在人际交往上会遇到更大的挑战 ◇在新环境中看到身边都是新同学，很少有初中的同学、伙伴，心理上会产生强烈的孤独感 ◇一些从农村考入城市高中并寄宿的学生，离开父母和熟悉的环境，也许一个月或更长时间才能回家一次，他们内心的孤独、寂寞感较强烈

走班制，是中国许多高中开始推行的新型教学模式。这种模式为：日常管理仍在一个固定的班级，称为行政班，但由学生自由选择上课的内容和学习的教室，学生走班后上课的教室为教学班。不同班级的学生，根据自己所选科目的不同到不同的教室上课，必要时自习也会在教学班上进行。

协助孩子熟悉新环境

如果有条件的话，父母可以在高中开学前带孩子到新学校去看看，使孩子尽快地适应新环境。没有条件的家庭，也可以通过网络了解学校的情况，或者找到熟悉学校情况的学姐学长，请他们介绍一下在学校里学习的感受。提前了解情况，有利于孩子及早消除陌生感。

鼓励孩子结交新朋友

有的孩子进入高中后，远离过去熟悉的老师与同学，会产生怀旧心理，总觉得初中较好，初中的老师和同学也好。如果孩子缺乏必要的人际交往能力，会对新生活感到紧张。进入新环境之初，人际交往非常重要，它能帮助孩子尽快地融入集体，缓解新环境带来的压力。父母要鼓励孩子交朋友，如果可能的话，还可以鼓励孩子把同学请回家。总之，父母要想方设法创造条件，让孩子有新朋友。孩子在新环境里一旦有了新朋友，就会比较喜欢这个新环境和新集体。

帮助孩子做好角色转变

初中与高中是两个不同的学习阶段，也许孩子在初中阶段很"辉煌"，也许孩子的中考没考好，但对整个求学生涯来说，那都是"过去式"；对未来的漫漫人生路而言，也只是一个瞬间。父母要帮助孩子及时告别过去，转变角色，用全新的心态迎接高中的学习生活。转变角色，需要对自己有准确的认识和明确的定位。否则，孩子既难以及时转换角色，也不可能用恰当的心态对待新生活。父母要经常和孩子聊聊，帮助孩子全面地了解自己，既看到自己的优势，也了解自己的不足。

用长远的眼光看待高中的学习

有些父母认为孩子上高中就是为了参加高考，所以孩子一进入高中就制造紧张气氛，让孩子觉得高考犹如一把利剑一直悬在头顶，随时都有掉下来的危险。中考之后，父母必须给孩子心理缓冲的机会，如果让孩子感到刚刚中考完马上就要备战高考，不仅不能让孩子"紧张起来"，反而会使一些孩子厌倦学习。

4. 父母也需要重新定位

转眼间，礼晴进入高中已经半年了。半年来，她觉得自己过得很累。她从小就是好学生，父母和爷爷奶奶都对她抱有很大的期望，都说她现在考上了著名的高中，将来一定能考上名牌大学。一进入高中，爸爸妈妈就把考进一流大学作为目标。他们还专门为礼晴设计了一张时间表，要求她最好能提前一年完成高中的学习任务，拿出更多的时间来复习。礼晴理解父母的心愿，也很听话地努力着。她很少出去玩，每天回家不仅做老师布置的作业，还额外地学习一些知识。为了将来能有特长进入好学校，妈妈还给她报了舞蹈班……可是，近来她发现自己突然得了一种"怪病"：上课听不进去老师在讲什么，书也看不进去，什么都记不住，经常大脑一片空白。这让礼晴既恐慌又苦恼，她不敢把自己的问题告诉父母。学校的哪怕一次小测试下来，爸爸妈妈都要拿她的试卷研究半天，即使有时候考得不错，他们也不太满意。爸爸说："这个成绩将来不可能进名校……"妈妈说："你上课是不是走神啊？怎么成绩不如初中那样好呢？"

礼晴出现的问题，和父母的心态有密切的关系。有的父母在孩子进入高中后并没有转变角色与心态，仍然把孩子当成初中生一样去管教与陪伴。有的父母心态转变很快，就像礼晴的父母，他们知道孩子进入高中后，下一个目标就是高考，因此不断地给孩子强调这样的想法。同时，他们对孩子抱有太高的期望，导致孩子压力过大。这样久而久之，容易使孩子在心理压力下丧失学习兴趣，甚至造成身体上的疾病。因此，父母要了解高中一年级新生的父母较常见的错误教育观念及行为模式，及时调整心态，科学地定位自身的角色，和孩子一起开始崭新的生活。

成长密码	具体表现
心疼孩子而妥协让步	◇孩子进入高中后，学业任务比初中时更重，有的孩子离家更远。这种改变让父母特别心疼孩子 ◇高中一年级新生的父母特别容易在对孩子进行家庭教育时放宽标准，甚至放弃家庭中培养孩子做人、做事的教育
过分注重高考	◇把未来的高考看作是高中三年学习的唯一目标，一些父母在孩子进入高中一年级时就如临大敌
把孩子的学习成绩作为攀比的目标	◇父母常常攀比心理严重，习惯把学习成绩作为评价孩子的主要目标，喜欢和邻居、同事、朋友比孩子的学习成绩 ◇父母的心情以及对待孩子的态度也常常随着孩子的成绩变化而浮动
用旧有的养育模式对待孩子	◇有些父母还认为高中一年级的学生是小孩子，仍然用对待小孩子的方式去对待他们 ◇父母那些旧有的养育模式未必能跟得上孩子的变化
认为孩子长大了而放任孩子的行为	◇有的父母，不是认为孩子没有长大，而是认为他们开始跨进青年期，从此是大人了，对孩子的成长采取放任的态度 ◇放任与妥协的态度，对孩子的成长不利

父母要与时俱进

我们要求孩子与时俱进，在进入高中后要及时调整心态，对自己有准确的定位。如果父母不能与时俱进，要么被孩子甩在身后，要么与孩子的心理需求对着干，自然难以成为好的父母。建议父母们认真审视自己平时的教育观念及行为模式，重新定位父母的角色与家庭教育的任务。

父母要坚持原则

尊重孩子与管教孩子并不矛盾。父母尊重的是孩子的想法与独立做事的能力，管教的是孩子的偏差价值观与不良行为。高中生的父母要在孩子的品德、责任心、为人处世等大事上不糊涂，坚持原则，不能以尊重孩子为由放松对孩子的教育，也不能因为管教孩子而忽略对孩子主体性的尊重。

父母要与老师做盟友

在孩子的成长过程中，父母不能忽略与老师的合作。有的父母认为孩子送到学校，管教的责任就落到老师身上了。还有的父母认为老师就是教孩子知识、把孩子顺利地送进高考考场的人，家庭教

育的事情不用学校管。这两种想法都有些片面。高中生成人感强烈，他们有很多心里话可能并不愿意告诉父母，因此需要父母多与老师联系，多从老师那里了解孩子的情况。同时，孩子在家里的表现、父母在家庭教育中遇到的困惑也可以多和老师通报、讨论，双方密切合作，才能共同谱写出教育孩子的华丽诗篇。

把培养健康人格作为养育目标

无论孩子是读小学、初中还是高中，父母都不应把一次考试作为养育的目标。即使中考很重要、高考是深造的敲门砖，但是在人的一生中，考试只是一个阶段性的任务。父母赋予了孩子生命，就有责任拓展这一生命的长、宽、高，让孩子有健康的身体、融洽的人际关系和丰盈的精神财富，最终形成健康的人格。这才是对待生命的正确态度，也是敬重生命的表现。因此，请父母们校准自己的养育目标，把培养健康的人格作为养育子女的核心目标。这样，无论孩子读几年级，父母都能平和地看待考试，看待孩子一时的成功与失败。

回顾与思考

1. 进入高中一年级，不知不觉孩子长高长大了不少。请问，您对孩子的身体发育情况了解多少呢？

2. 最近孩子对自己的外形十分在意，经常照镜子，衣服也非名牌不穿，您是否认为这种情况正常？

3. 孩子读高中一年级了，以前的乖乖宝贝变得经常顶嘴，并且十分厌烦父母的唠叨，您该如何处理与孩子的关系呢？

4. 孩子进入高中阶段的学习后，您应该扮演何种角色？

5. 您与孩子的老师有交流吗？如果有，您会跟老师交流些什么呢？

2

第 二 章

学会求知:
终身发展的持久动力

1. 了解高一学习的新特点新要求

　　思琪是一个很用功的高中一年级女生，她每天放学回家就认真写作业，还经常熬夜做作业到晚上 11 点多。可是，高中一年级都过去半学期了，思琪的成绩始终上不来，和初中相比差了一大截。爸爸说思琪挺用功的，看着孩子每天都坐在书桌前到半夜，很心疼，但是不知道怎么帮助她，也不明白为什么孩子这么用功成绩就是不够好。爸爸还罗列了思琪在初中时的一些辉煌成绩，例如拿过数学竞赛的二等奖，在英语竞赛中也考了高分等。但是，在高中一年级时，思琪的数学怎么都学不好，好像脑子就是不开窍。

　　很多孩子进入高中后都会出现像思琪这样的情况，就是看起来处于混沌状态，既不入门也不开窍。父母查看孩子的学习情况，找不出什么太大的问题。作业按时写，每天都去上课，老师也说她看起来听课很认真，可是学习上感觉和初中不一样。事实上，如果有机会与思琪多聊聊，近距离观察她的学习状态，也许更容易发现思琪的学习问题。进入高中后，有的孩子还用初中的学习方法来对待高中学习，或者对高中的学习特点不了解，仅靠用功常常难以胜任高中的学习任务与目标。

高中的学习与初中相比，的确发生了巨大的变化，无论是学习内容，还是学习方法都与初中有很大的不同。父母首先要帮助孩子完成的就是从初中到高中的转轨。这是高中阶段要完成的第一项学习任务。如果父母能在孩子进入高中后，和孩子一起了解一下高中学习的新特点与新要求，更有利于孩子沉着应对高中一年级的学习。

成长密码	具体表现
高中一年级学习成绩波动是正常现象	◇多数孩子进入高中后，成绩都会出现波动现象。这对高中一年级新生来说，是正常现象 ◇高中的学习内容、学习方式与初中相比都有了很大的变化，学生有一个适应的过程
高中一年级学生要面临系统性更强的学习内容	◇高中学习与初中学习不同的是，知识量更大，理论性和综合性都比初中阶段明显增强 ◇初中基础没有打好，或者没有掌握好的学习方法，进步会比较慢
高中一年级学生要面临理论性更强的学科内容	◇高中的学习更抽象、更理性，主要以间接知识经验为主，因此给学生的学习带来一定的难度 ◇高中生需要建立新的学习系统，具备综合运用知识、主动探究的能力，才能适应高中的学习生活
高中一年级学生需要更高的学习能力	◇高中学习内容的变化，对孩子的学习能力提出更高的要求 ◇需要高中生的记忆力、观察力、想象力、思维能力等能跟上学习的要求
高中一年级两学期学习任务不同	◇了解老师的教学方法，了解学科安排，客观地评价自己的学习水平，跟着老师的教学步骤稳步向前，是高中一年级上学期的主要目标 ◇发现优势学科与弱势学科，及时调整学习策略，做到循序渐进、全面发展，是高中一年级下学期的主要目标

及时确立未来的学习目标

进入高中学习的孩子，多数要在未来参加高考，也有的孩子选择出国留学。无论哪一条路，父母都要在孩子进入高中一年级时多与孩子讨论，协助他们及早确立未来的目标。这样才能使孩子从高中一年级开始就有目标可循，学习起来也更有劲头。

对孩子的学习能力有准确的评估

对于高中阶段的学习而言，理论知识、实践知识、动手能力等都非常必要。父母要和孩子一起评估孩子的学习能力。只有了解自己，才能发现薄弱环节，找到有针对性的方法。有的孩子进入高中以后，还按照初中的学习方法进行学习，或者对自己定位不准，仍然好高骛远，都会影响在高中阶段及时调整学习方法。

父母和孩子都要调整好学习心理

高中一年级是孩子在整个高中阶段学习的基础，是高中三年里非常重要的一年。父母和孩子都要提前了解高中一年级有可能面临的学习困难，对学习有合理的期望和目标，正确理解高中学习的目的，有积极的学习动机，树立终身学习的理念。另外，父母和孩子还要对未来的高中生活充满自信，用积极的心态拥抱高中生活。

2. 提升自学能力是高一学习的核心任务

了解了高中一年级孩子的学习新特点与新要求之后，父母该做些什么呢？在高中一年级应该重点培养孩子的哪些学习能力，才能使孩子在高中一年级适应新的学习要求，在高中二年级和高中三年级有持续学习的能力呢？笔者认为，高中一年级应以提升自学能力为核心。

一位从教多年的高中教师给笔者讲了一个她班上学生的故事。她说：

有一天晚上已经9点多了，一个学生的妈妈给我发信息问我白天都学了哪些单词，她要给孩子听写一遍。看到这条信息，我真为这位妈妈心疼，也为那个学生着急。孩子都读高一了啊，您说这个学生的妈妈这样做累不累？父母都觉得这样做为孩子付出了很多，甚至自己都被这种自我牺牲精神所感动。我在这么多年的教学中总是遇到类似的问题，孩子都读高中了，父母还跟在后面管学习。这样的孩子能有长久学习的兴趣和动力吗？一旦离开爸爸妈妈，他们连学习能力都没有了。于是，我告诉那位妈妈，父母不要给孩子听写单词，让她自己练习听写就行了，比如自己先录音一遍再听写……可是，这位妈妈还是对孩子放心不下，她经常晚上问我作业，要给孩子检查作业、听写、批改、核对作业等。我真替这位妈妈感到辛苦！而且，她这样做，并不利于孩子自学能力的提高啊！我教高中已经快30年了，在我多年的教学经验中，我觉得高中阶段自学能力越强的孩子越有后劲。

这位老师的话，与心理学研究不谋而合。雷雳、马晓辉在他们的心理学著作《中学生心理学》中认为："高中生的学习过程主要包括目的计划、自学质疑、独立思考、复习巩固、作业解难、系统概括、迁移创造和反馈调控8个环节。其中，目的计划是指导，自学质疑是基础，独立思考是核心和主线，复习巩固是连接各个环节的链条，作业解难、系统概括是关键，迁移创造是目标，反馈调控是完善和反思学习过程的内在机制。"从这段话中可知，自学质疑是高中学习的基础。也就是说，高中生最重要的是发展自学能力，善于提问，这样才能完成好独立思考、复习、写作业、知识迁移等学习任务。

还有调查研究发现，高中生的自学能力随着年级升高而提高，高中一年级到高中二年级学生的自学能力发展较慢，高中二年级到高中三年级发展较快。为了孩子在高中二年级的自学能力有飞跃式的发展，父母更要在高中一年级时注重对孩子自学能力的培养。这不仅是为了高中阶段的学习，也是终身学习必须具备的能力。

成长密码	具体表现
自学能力满足高中生自主性的需求	◇高中生自主性要求强，比初中生更渴望自主与独立 ◇在学习上，他们更希望能独立学习，有自主空间与决定权 ◇孩子在学习上的自学、自主也有利于促进他们在生活、交友等方面的独立与自主
自学能力是终身发展的需要	◇21世纪是终身学习的时代，每一个人的学习都不是仅仅在学校和教室里完成，即使孩子将来毕业了也要不断学习、不断发展 ◇自学能力是一个人终身发展、可持续发展的重要能力，要使孩子在面临知识更新换代、各种新环境的变化时都依然能不断学习、不断成长
自学能力有利于适应新课标的要求	◇新课程标准对学生的学习素质提出了更高的要求，不仅要求学生"学会"，更要求学生"会学" ◇近些年来，基础教育课程改革不断向纵深推进，从素质教育到终身教育、创新教育等，都要求孩子具备较好的自学能力
自学能力有利于尊重孩子的特点	◇每个人不仅有不同的个性，而且在学习上也有不同的特点 ◇自学给因材施教提供了很大的空间 ◇在学习内容上，可以使学生更自主，学生可以根据自己的喜好选择较感兴趣的内容

小贴士

未来的文盲，不再是目不识丁的人，而是没有学会"怎样学习的人"。

——法国前总理埃德加·富尔

充分尊重孩子的选择

培养孩子的自学能力，父母尤其要尊重孩子的选择。特别是当孩子的学习方式与父母期待的不同时，父母要以孩子的选择为准。在学习内容上，父母也要尊重孩子的选择。当然，这并不意味着父母束手无策或者撒手不管，父母可以多加引导。教育孩子的前提是了解孩子，了解孩子的前提是尊重孩子。以尊重为出发点，了解孩子的个性特点，多给孩子引导与指点，是培养孩子自学能力的前提。

营造自主学习的氛围

无论是学校还是家庭，都应为孩子提供自主学习的氛围。民主的家庭环境有利于孩子选择自己喜欢的学习方式，也更能接受孩子的试错过程。如果父母对孩子的态度比较专制，孩子大多习惯选择按部就班的、不容易出错的、不需要他们承担责任的学习方法和节奏。善于提问、敢于质疑，需要孩子有"不唯上、不唯书"的心态。这种心态需要民主平等的学习氛围来培育。

放手给孩子独立的机会

自学能力与孩子的独立能力有密切的关联。喜欢独立思考、生活中比较独立的孩子，更容易培养自学能力。独立思考能力是构成自学能力的核心内容。因此，父母在生活中一定要多给孩子独立的机会，在生活中让孩子多参与家庭生活，多表达他们的想法。特别要鼓励孩子独立思考，对孩子提出的问题积极回应，对孩子的一些异想天开的想法鼓励他们去尝试。

注重培养自学能力的"非智力因素"

一个好习惯的形成包括"知、情、意、行"四个方面，即知识、情感、意志、行动缺一不可。多数父母把重点放在方法上，主要教孩子怎样去自学。这些属于知识要素或智力要素。实际上，孩子是否能坚持自学，与他们的情感、意志等非智力因素有很大的关系。自学的重点在于"自"，自制能力、自控能力、自觉探究能力、自我管理能力等会为自学带来很好的推动作用。父母要注意培养孩子的上述几种能力。例如，孩子如果面对网络游戏的诱惑不能控制上网时间，就很难在没有人管理的情况下坚持自学。所以，父母在教孩子自学方法的同时，不要忽略孩子好奇心、探究力、韧性、自我管理等多种能力的养成。

3 注重培养孩子的学习迁移能力

妈妈发现思琪平时学习的知识都会，可是一到考试就考不好。看着思琪每天熬夜学习到很晚，妈妈也心疼不已。妈妈和思琪谈心说："我看你的作业平时基本是对的啊，也没有多少不会写的。考试时怎么就不会回答呢？"思琪说："简单的题目我都会，可是那些大题我就不会解答了。等考试完老师一讲，我就觉得那都是学过的知识啊，可是我就是不会把这些知识组合起来去答题。我也不知道是怎么回事，看班里那些成绩好的同学，遇到大题时并不紧张，他们都能见招拆招，而我一看到大题就脑袋发蒙，一片混沌，不会把学到的一些知识组合起来，也不会看破大题目的'障眼法'，它们在我眼前就是一个个晃动着的、龇牙咧嘴的巨兽。如果老师给了题目的答案，我都会认真背的。妈妈你看，这些有答案的题目我都做对了啊……"

看着思琪委屈的表情，妈妈也感到心疼。同时，妈妈也隐约感觉到思琪进入高中以后成绩下滑并不是因为孩子不用功、不努力，而是她缺乏较好的学习能力。可是，较好的学习能力是什么呢？思琪的妈妈一下子说不出来。

小贴士

学习迁移能力，即一种学习对另一种学习的影响，它广泛地存在于知识、技能、态度和行为规范的学习中。任何一种学习都要受到学习者已有的知识经验、技能、态度等的影响，只要有学习，就会有学习迁移。迁移是学习的继续和巩固，又是提高和深化学习的条件，学习与迁移不可分割。

成长密码	具体表现
学习迁移影响学习效果	◇学习迁移能力是把以前学习到的知识、经验等转移到新的学习上去 ◇迁移有正向迁移与负向迁移：正向迁移是指已有的知识对新的学习活动有促进作用；负向迁移是指已有的知识干扰了新的学习活动
学习态度影响学习迁移能力	◇研究发现，高中生迁移能力的形成与学习态度有着紧密的联系 ◇学习态度正确的学生，对待学习方面遇到的新挑战能坚持下去；学习态度不正确的学生，认为学习知识很无聊，学习是一件苦差事
学习指导能增强学习迁移能力	◇学习方法直接影响孩子的学习效果 ◇多给孩子一些学习方法的指导，孩子会把学习方法上的一些策略应用到学习迁移中去，形成会学习、会解决问题的能力
自主学习能增加迁移的效能	◇学生在做中学、在活动中学，能更好地把学到的知识迁移到新的学习活动中去 ◇学生可以充分发挥他们的自主性，在各种体验、尝试中学会处理遇到的各种问题

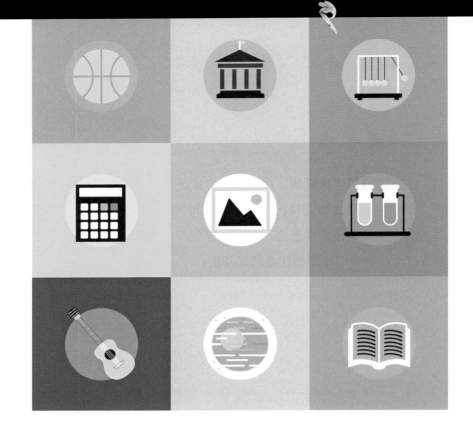

鼓励孩子自己发现问题和解决问题

如果老师或父母经常给孩子提供标准答案，孩子就习惯于按照老师或父母给予的答案去做。时间久了，他们就放弃了自己思考的习惯，更不善于自己解决问题。生活在这样的环境里，孩子的迁移能力就比较低，因为他们形成了思维惯式，认为他人的答案是对的，自己没有能力想出正确答案。他们渐渐开始变懒，懒得去尝试找到答案。所以，父母要多鼓励孩子自己去解决问题，形成独立意识。这也有助于孩子形成学习迁移能力。

生活中多创设孩子思考的环境

已有的知识要被唤醒，需要孩子养成爱思考的好习惯。只有这样，才能在已有的知识与新学的知识之间架起一座桥梁。多对孩子进行启发，鼓励他们多思考，常为孩子创设问题情景，是促进孩子独立思考、把新旧知识相联系的好办法。

培养孩子灵活的思维习惯

在日常生活中，父母要注意培养孩子思维的灵活性。同样一件事情，父母可以鼓励孩子从正面与反面、横向与纵向、历史与现状、当前与未来等多个角度去思考。注意引导孩子克服思维定势，一个问题要从多个角度去看，并且寻找是否还有其他答案。即使孩子答错了也要多鼓励，使孩子逐渐形成正向迁移的能力。

注重平时的知识积累

学习迁移能力的形成既有主观因素，也有客观因素。除了前面讲到的主观因素外，还需要孩子平时多进行知识积累。一般情况下，有知识基础的人往往比没有知识基础的人有更强的迁移能力。例如，学习过英语的人，即使没有德语基础，他学习德语的适应性也会比一点儿英语基础都没有的人要强。所以，平时多阅读，多了解各种知识，也是增强迁移能力的好办法。

让孩子在学习中感受到成功

中国青少年研究中心的多次调查显示，中小学生对学习的认识比较功利化，他们学习的目的以考上大学、找到好工作、适应竞争为主。这些外在的学习动机难以让孩子在遇到学习困难时坚持下去。因此，父母要把培养孩子学习的重点放在鼓励他们感受学习的乐趣上。乐趣是从每一次小小的成功中获得的，如果孩子在学习中经常感到自己能行、感到自己很棒，那么他们对学习就会有用之不竭的动力。相反，如果孩子在每一次学习中都受到打击，都遭遇失败，他们自然不会喜欢学习。和孩子一起发现学习的乐趣，有助于孩子形成较强的学习迁移能力。

4. 掌握"互联网+"时代的在线学习方法

最近，思琪和爸爸妈妈之间发生了很大的矛盾。矛盾是由阅读引起的。爸爸给思琪买了 15 本世界名著，让她利用课余时间都读完。妈妈也说，你现在读高一，功课还没有那么紧张，要多读名著，不读名著的孩子没有文化底蕴。

思琪笑话爸爸妈妈太老套，都什么时代了，还买这么多书回来。在网上一样可以看名著。但是，爸爸说网络上阅读效果不好，看不进去，看了也好像没看一样……思琪懒得和爸爸妈妈争辩，几个月过去了，书还是原封不动地放在那里。前不久，老师号召同学们给贫困山区的孩子捐书，思琪偷偷地把书都捐了。爸爸妈妈知道后很生气，不是因为捐书，而是因为思琪不爱阅读。

思琪也觉得很委屈，她说："我没有不爱阅读啊，我也读纸质书，只不过我们这一代人更喜欢在网络上读书。每天早晨上学路上，我都在地铁里读一会儿书，我用手机读，不仅读网络小说，我也读了几部名著。"

网络时代的学习方式的确发生了很大的改变。以阅读为例，父母一代作为从传统媒介时代迁徙到新媒体时代的人，自然习惯传统的阅读方法，对数字阅读不习惯，"看不进去""看了和没看一样"是很多成年人常常说的话。在父母们看来，读纸质版的书才是真正的阅读。但是，孩子们作为网络时代的原住民，他们早已接纳并习惯了数字阅读模式。"互联网+"时代，不仅人们的生活方式有了很大的转变，学习方式也同样有了较大的转变。只不过，这种新的学习方式也有利有弊。父母要了解"互联网+"时代的学习方式，在尽量克服其弊端的基础上鼓励孩子掌握新的学习模式。

成长密码	具体表现
高中生喜欢自主获得学习内容	◇随着自主性的发展，高中生更渴望自己做主，他们喜欢多样化的学习方式 ◇在在线学习环境下，学生是学习的主体，可以从视听、体验、交互等多个角度进行深度学习
高中生喜欢个性化的学习安排	◇在信息化的背景下，按部就班的校园学习不再是网络一代唯一的学习方式，非正式学习不仅是正式学习的补充，甚至更适合高中生的学习需求 ◇个性化学习可以使学生自己安排学习进度，自主安排学习内容，甚至可以自己对"上课时间"说了算
关注度较低影响孩子的在线学习	◇如果不了解网络时代在线学习的技巧，有可能使孩子不善于自主学习，成为在线学习的观望者与逃避者 ◇研究发现，父母或老师对在线学习的关注度、支持程度对孩子的在线学习有较大的影响
在线学习活动容易受到环境或其他因素的干扰	◇人们的在线学习活动很容易受到环境或其他因素的干扰，尤其是高中生，思维活跃，好奇心强，在线学习时如果缺乏实时监控，孩子有时会难以保证有效的在线学习 ◇在线学习对学生的信息素养、远程学习素养、对学习活动的自我监测与反思等均有较高的要求

父母要做学习环境的营造者

过去，教师、父母等成年人拥有知识，把知识传授给孩子。但是，互联网的发展使知识成为人人可以共享的内容，成年人的使命也随之发生改变。成年人不再仅仅是传授知识，而且要建设学习资源，为年轻一代提供适合新的学习方式的环境。这里的"学习环境"不仅指物质环境，更包括精神环境。成年人拥有"互联网＋"时代的学习理念，就是为孩子们营造适合他们学习的环境。所以，父母要接纳学习方式的改变，理解孩子的学习需求。

提高孩子解决问题的能力

在线学习的主要特点是解决问题，就是当人们遇到生活中的实际问题时，可以通过网络上的各种信息、课程的共享性来解决。因此，学会应用知识与技能去解决问题，是当今社会教育对受教育者的基本要求。父母在日常生活中要注意培养孩子这方面的能力，经

常为孩子提供问题场景，让孩子多参与生活，多表达意见，为孩子提供锻炼能力的机会。这些做法看似与在线学习毫不相干，却间接地影响了孩子的在线学习能力，使他们能目标明确地进行在线学习，不至于在网络中产生迷航现象。

小贴士

中国的高中生最容易在上网学习时产生网络迷航问题。调查发现，上网学习时，经常出现"不知网上信息是否正确""网上信息太多，不知如何选择""被与学习无关的内容所吸引""无法准确地检索到所需要的学习资料或信息"等问题的中国高中生均有两成多，"不知网上学习方法"的高中生也接近两成，"网上检索到的内容直接复制到自己的文章里"的高中生有一成多，这些比例均高于美国、日本、韩国的高中生。

——摘自赵霞、孙宏艳、张旭东《中美日韩四国高中生学习意识与状况调查报告》

促进孩子形成正确的学习动机

学生的认知动机是促进学习的重要动力。虽然每个人的学习能力有差异，但是积极向上的学习动机能弥补学习能力的不足。有积极的学习动机，有利于学生在线学习时更自律，从而提高学习效果，达到学习目标。所以，建议父母在关注成绩的同时，更要关注孩子的学习动机，引导孩子形成积极的、内在的学习动机。

增强孩子在线学习的信心与兴趣

互联网对年轻一代的吸引力非常大。然而，有些人对在线学习缺乏信心，虽然在线娱乐他们是积极的参与者，但在线学习时他们不相信自己能学好，更不知道用什么策略能掌控自己的学习行为。在这方面，多数父母也许并没有能力提升孩子的在线学习技能素养，但是父母可以通过认可、鼓励、赞赏等行为增强孩子在线学习的信心与兴趣。例如，当孩子遇到学习问题不知道怎么办时，父母可以鼓励他到网络上去找答案；当孩子某一个科目出现"短腿"现象时，可以利用闲暇时间与孩子一起在网上寻找相关课程听听；当孩子羡慕同学考进好学校时，和孩子一起在网上听听那个学校的课程，做个"编外学生"；当孩子通过网络解决了一个学习中的问题时，多赞赏他……这些生活中的小细节，都能增强孩子对在线学习的兴趣，使他们有信心多使用在线学习的资源。

建设具有良好信息素养的朋辈群落

要孩子更好地在线学习，不仅需要培养孩子的信息素养，还需要支持孩子主动建立良好的网络学习群落。简单地说，就是要支持孩子多与那些具有良好信息素养的老师、同学等交流，与技术能力强的网友多交流，不要一看到孩子在网上与朋友聊天就心急生气，更不要对网络使用产生抵触情绪。研究证明，具有良好信息素养的师生群落、朋辈群落是构成在线学习环境的最活跃因素。

回顾与思考

1. 初中与高中的学习有很大的差异，您如何引导孩子尽快地适应高中一年级的学习和生活？

2. 孩子如果寄宿，回家时间比较少，您是怎样关心他的学习的？

3. 孩子积极参加社会实践活动，您是支持还是反对？

4. 孩子利用网络在线自学相关课程，您放心吗？您是如何监督的？

5. 如果孩子一次小考没考好，您是如何跟孩子交流的？

第 三 章

学会做事：从资格到能力

3

1. 培养孩子从知到行的实践力

知行合一，来自上海外国语大学附属外国语学校的高二女生李欣雨就是个典型。当 PM2.5 这个词走进她的生活时，她想到要为减少空气污染做些什么。

她先上网查找了空气污染的成因，发现主要是大量燃烧化石燃料，数据显示有 50% 的热量被白白浪费，同时排出了大量有毒有害物质。"如果能找到一种方法来利用这些废热，哪怕只有 5%，那就能节省大量的能源。"她想。当时，她找遍网络，就是没有找到一种能有效利用废热的技术，从小动手能力很强的她突发奇想："能不能自己制作一个能利用废热的装置。"

从此她开始进行研究，"起初做了一个简单装置，根本不能运作，随后在爸爸的帮助下改进，发现问题出在发电机上，找不到合适的发电机，就只能自己做一个"。最终，她绕了一万多圈的线圈，手上磨出了老茧，她却很兴奋。

整个过程持续了一年多，最终她制作出了一台发电机，能够将一碗热水里的热能转化成电能。很幸运，这项小发明甚至还获得了国家专利。

从这个故事中可以看出，知识如果转化为实践能力，可以产生巨大的力量。高中生已经走过了小学和初中，他们在高中学习到较丰富的知识，以后他们或许还要跨进高等学校，学习更多的知识。父母要在这时及时培养孩子从知到行的实践力，这样才能实现其学习的飞跃，使孩子真正学会运用知识，形成能做事、会做事的能力。

成长密码	具体表现
实践能力使智商得到新发展	◇当代社会是一个呼唤实践能力的社会 ◇无论是实践知识还是实践能力，对于获得高智商、高能力都非常重要
考试改革更加考查活学活用能力	◇学习知识的目的在于运用。如果不能学以致用，孩子不仅无法适应社会的需要，更无法适应当前的教育改革 ◇近些年来，教育改革、考试改革等都重视学生对知识的综合运用，各类考试题型也与实践更紧密地结合
知识的宝藏需要用实践来开启	◇知识的最大价值在实践中，知识虽然是个宝库，但是还需要用实践这把钥匙把宝库打开 ◇要想孩子将来有出息，父母必须重视孩子实践能力的培养
高中一年级学生参加实践情况与喜好有较大的反差	◇调查发现，高中生实际参与社会实践的比例并不高，与学生的热情和喜好形成较大的反差 ◇高中一年级的孩子对各类体验与实践活动是非常喜欢的，但是学校与家庭给孩子提供的这类机会并不多
实践活动是培养领导力的契机	◇孩子在实践活动中学会与他人协调、合作，学会变通与妥协，这些都是领导力的重要素质 ◇高中生的领导力意识不足，正需要通过各种实践活动增加交往的机会，使孩子在各种小组活动、课外活动、体验实践中学会组织活动、协调合作、表达意见等

多鼓励孩子参加各类实践活动

在一些父母的眼里，社会实践、体验活动就是瞎耽误工夫，浪费时间。父母的态度直接影响孩子参与社会实践的态度与程度。父母只要了解了实践的重要性，就会积极支持孩子参加各项实践活动。无论是学校组织的校外实践，还是社区提供的实践机会，父母都应多鼓励、多支持。

充分利用好寒暑假时间

高中生的学习任务比初中生更重，时间也更紧张。除了平时学校组织的实践活动之外，父母还要利用好寒暑假时间。如果学校安排实践体验活动，父母要多支持。如果学校没安排实践的机会，父母要给孩子创造机会。例如，利用回老家的时间让孩子体验一下农村的劳动，并看看自己学过的那些知识能否与农村的生活结合起来。利用旅游机会，鼓励孩子结合所学的地理、历史、文化等知识，给父母一些建议，或者请孩子设计旅游方案等。

理智地看待孩子的成绩

一些研究发现，"00后"的父母对成绩还是看得很重。例如，中国青少年研究中心对中国高中生进行调查发现，八成多父母更看重成绩。虽然多数"00后"的父母已经比"90后"的父母的学历期待下降许多，但是希望孩子将来读到博士的仍然排在第一位，对孩子考试成绩的关注也排在第一位。成绩和资格固然重要，但是在当今社会更看重的是能力，因此父母要理智地看待孩子的成绩。如果父母过于看重成绩，把成绩作为唯一评价孩子的标准，势必会使孩子只关注成绩，对与成绩无关的一切活动都不感兴趣。

为孩子创造实践的条件

有的青少年对身边的公共事务较少参与，总觉得各种公共事务与自己没有关系，这种"路人心态"不利于孩子参与实践活动。父母要多培养孩子的独立能力。只有思想独立、行为独立的人，才能更好地参与实践活动，锻炼实践能力。如果父母对孩子娇生惯养，孩子的个人意识严重，一切以自我为中心，孩子就很难参与实践、体验等活动，更害怕在活动中吃苦。除了独立精神与能力之外，父母还要在外部环境上为孩子创造实践的条件。例如，可以鼓励孩子与同学结伴参与社会实践活动；几个学生的父母也可以联合起来，建立支持孩子体验、实践的资源平台，让孩子有伙伴，有资源，能主动地体验、实践。

多提升孩子的主体意识和自主意识

对于培养孩子的实践能力来说，重要的是调动孩子的内因，明确孩子的主体地位。从青涩懵懂的初中生到能力渐强的高中生，孩子在实践活动中的地位也逐渐由被动到主动。父母要多调动孩子参与社会实践的积极性，尤其是要让孩子在生活中多参与，让孩子感到自己是主人，可以对自己的事情做主。父母还要鼓励孩子多参加各种社团活动，与伙伴们一起体验实践的乐趣。在学习上，父母也要少包办代替，多鼓励孩子自己解决学习困难。一些孩子虽然已经是高中一年级学生了，但还是习惯初中生的思维方式，习惯被动地接受知识，较少主动学习。父母要让孩子对自己的学习做主，这也是增强孩子自主意识的较好途径。

2. 重视孩子善用知识的创造力

这并不是一个新鲜的故事，但是每次读起来都让笔者倍加感动。让我们一起来回顾一下：

一位母亲，因为孩子把她刚刚买回来的一块金表当成新鲜玩具拆卸摆弄坏了，就狠狠地揍了孩子一顿，并把这件事告诉了孩子的老师。老师幽默地说："恐怕一个中国的爱迪生被枪毙了。"接着，这位老师进一步分析说："孩子的这种行为是创造力的表现，您不该打孩子，要解放孩子的双手，让他从小有动手的机会。"

"那我该怎么办呢？"这位母亲听了老师的话，觉得很有道理，感到有些后悔。

"补救的办法还是有的。"老师接着说，"你可以和孩子一起把金表送到钟表铺，让孩子站在一旁看着修表匠如何修理。这样，修表铺就成了课堂，修表匠就成了老师，你的孩子就成了学生，修表费就成了学费，孩子的好奇心就可以得到满足了。"

这是一个关于创造力的故事，这个故事里的老师就是著名的教育家陶行知先生。陶行知先生非常崇尚创造精神，他曾提出了"教学做合一"的主张，认为教育的最终目的是"做"，而且倡导"做的最高境界就是创造"，提出"一切为了创造，创造为改善生活、提高生活"的号召。

成长密码	具体表现
创新是人才可持续发展的重要素质	◇创造力是 21 世纪教育的核心目标 ◇在进入 21 世纪的这十几年中，相信父母们从国家对高考改革、教育改革的多种措施中也体会到了国家、社会对创新能力的需求
高中是创新素质形成的重要阶段	◇从幼儿园阶段到初中、高中，孩子们的探索体验不断积累。这些探索是创造性思维的源泉，可以使孩子的创新精神不断发展 ◇高中生思维发展进步较快，在探索中更能激发创造性思维，因此高中阶段可以说是创新精神发展的重要时期
中学生的创造力处于萌芽状态	◇中学生的心理发展特点使他们在解决问题时追求新颖，在思考、提问、写作、解题时表现出一定的创造性，但是还处于萌芽状态 ◇喜欢标新立异的心理使中学生的独特性发展较快，但还不够成熟
创造性人才需要民主和谐的环境	◇心理学对创造性环境因素进行研究发现，创造型人才的成长需要民主和谐的环境 ◇这里的环境是一个大概念，包括文化环境、教育环境、生活环境、社会环境、资源环境等
经历及兴趣在自我探索期很重要	◇各种兴趣爱好的培养、丰富的经历是孩子探索的基础 ◇心理学认为，虽然孩子的探索看起来很宽泛，似乎与创造力培养靠得并不近，但是这些探索是为以后的创造做心理准备，间接地影响未来的创造心理与创新素质

小贴士

吉尔福特认为创造性人格有 8 个特征：①有高度的自觉性与独立性；②有旺盛的求知欲；③有强烈的好奇心；④知识面广，善于观察；⑤有条理、准确性、严格性；⑥有丰富的想象力、敏锐的直觉、广泛的爱好；⑦有幽默感和出色的文艺才能；⑧意志品质出众，能排除干扰，长时间专注于某个感兴趣的问题。

——摘自林崇德《中学生心理学》

重视中学阶段创造精神的培养

也许有父母认为，孩子到了大学以后才适合培养成创新人才，现在这么小，还天天上课、考试，怎么能成为创新人才呢？事实上，小学、初中、高中这些创新的探索阶段，可以培养创造精神、创造品质，使孩子具备创造性的价值取向和社会责任感，这些对以后的创新人才培养起着基础性的作用。所以，父母要重视对高中生的创造精神的培养，提升孩子的综合素质。

鼓励孩子自己发现问题并解决问题

西方心理学认为，学习分为两种形式，分别是接受学习和发现学习。接受学习就是学习者接受一些定论或确定的内容，不需要自己去发现；发现学习就是要学习者主动地去发现问题，解决问题。后者的主要功能是培养学生的独立思考能力。父母要多鼓励孩子自己去发现问题，解决问题，给孩子锻炼思维能力、养成创造意识的机会。

通过头脑风暴法刺激创造力

"头脑风暴法"是训练孩子创造性思维的好方法。它简单易行，既能集思广益，又能培养孩子的合作能力，并通过讨论培养孩子积极思考、开拓思路、善于沟通的好习惯。父母可以经常和孩子一起进行一下"头脑风暴"活动。在饭后的休闲时间里，一家人就一个问题发表不同的意见，要鼓励孩子多表达想法，并且不要对孩子的想法进行负面评价，更不要阻止孩子表达想法。当然，也不要急于肯定某个想法，不要表达出明显的意向，大家只需要围绕主题发表各自的奇思妙想就行。只有在放松的、和谐的环境里，才能任由思想驰骋，想出更多的方案与方法。

小贴士

"头脑风暴"即无限制的自由联想和讨论，目的是产生新观念或激发创新设想。"头脑风暴法"又被称为"智力激励法""自由思考法"。"头脑风暴"要禁止批评和评判，充分调动积极性，鼓励甚至强制大家提出设想，越多越好。实行"头脑风暴"时要独立思考，不要互相交流，更不能干扰他人的思维。不许评价、异想天开、越多越好、鼓励每个人参与是主要的方法。

创建平等的民主的成长环境

父母要多用尊重、平等的心态对待孩子，为孩子提供轻松的、和谐的家庭环境，使孩子在日常生活中能自主表达意见，能经常参与家庭生活。宽松的生活会让孩子的思维更活跃，更有创意与想法。心理学研究发现，中学阶段民主的气氛是创造力培养的关键。因此，父母要多和孩子做朋友，为孩子提供充满民主气氛的家庭环境。

多培养孩子的自信心

美国心理学的研究表明，创造性思维和自我概念存在高相关的关系。对自我比较认可的人、独立性比较强的人、自主性比较强的人，创造力也比较强。所以，父母要多发现孩子的优点，经常给孩子正面的、积极的鼓励，让孩子在生活中感到自信。这也是培养孩子创造力的一个重要方面。对高中一年级孩子来说，最重要的是让他们保持情感独立。情感不能独立、高度依赖父母的孩子难以形成自我感，这样的孩子也难以有创造力，因为他们要获得情感满足必须依从父母或权威的思想。

3. 提升孩子管理事务的协调力

琪琪放学回家，兴奋地和爸爸妈妈说起班级里即将开始的电影拍摄活动。她跟妈妈说，她报名参加了电影拍摄小组，并且申请做导演，还要给一个角色配音。今天放学后，她已经组织同学们开了第一次讨论会，进行了分工。看琪琪那个兴奋劲儿啊，脸上都乐开了花。不仅如此，她还一会儿问爸爸："您说拍什么题材好呢？"一会儿又问妈妈："您看我们这几个演员怎么样？我给您介绍一下好吗？"一个晚上，她都安静不下来。

看着女儿这么不安心学习，妈妈有些不高兴，忍不住想给女儿泼冷水。第二天早晨，妈妈郑重其事地跟琪琪说："我看你还是别拍那个什么电影了，高中学生的主要目标就是考大学，你们拍电影那都是浪费时间，既不能赚钱也不发证书，高考也不看谁拍了电影，谁是导演，高考只看成绩！你们学校也不知道是怎么想的，不鼓励学生多复习多做题，拿出两年的时间拍电影，这不是害了你们吗？他们谁爱折腾就去折腾吧，你听妈妈的，去跟同学说换个人吧，真要拿出那么多时间去拍电影，后果不堪设想啊！再说，做导演是最累的，什么都得管，要去协调资金、人员、场地等，缺了什么都需要导演想办法，那就是个大管家，你干导演干吗啊？要干也是当演员、当主角啊！”

琪琪自然听不进妈妈的建议，噘着嘴、皱着眉走进了校门。

晚上放学回来，爸爸也问起拍电影的事情。爸爸说：“你到底怎么想的？还要做那个电影导演吗？你想过你要怎样调动你的团队吗？怎样寻找资金？怎样安排各种资源？”琪琪一下子答不上来，她说：“还没想过呢。不过我太想当导演了，我觉得高中三年我有这样一部电影作品，可以是一辈子的纪念！它和高考成绩一样重要！”

看着女儿信心满满的样子，爸爸说：“好吧，老爸支持你！不过，你可要先具备协调力啊，导演最重要的不是技术，而是协调能力！这个你了解吗？”

琪琪陷入了深思之中。

琪琪的爸爸提到的协调力，的确是当代社会管理方面的重要能力之一。所谓协调力，就是化解矛盾的能力，是把消极因素变为积极因素的能力。协调能力也是妥善处理人际关系的能力，是会调动身边的人力、物力资源互相配合的能力。孩子小时候，我们与他们谈合作能力，希望孩子能学会与人合作。但是对高中生，我们可以有更高一层的要求了，那就是要提升孩子学会管理事务的协调力。

培养协调力也是21世纪学会做事的重要任务。21世纪是一个合作的世纪，只有善于与他人协作的人才能如鱼得水，不断获得成功。协调力是组织、合作、激励、变通、妥协、宽容、解决冲突等多种能力的综合体。在高中阶段，孩子的人际交往和初中相比，从内圈向外圈扩大，从身边的人扩展到更广泛的社会交往，他们也许会面临更多需要沟通、协调的事情。因此，父母要多培养孩子管理事务的协调力，这也是为进入社会后的成年生活做准备。

成长密码	具体表现
协调力是管理的重要能力之一	◇现代社会是一个合作无处不在的社会，很少有人能长期独自完成一项工作。在合作时，可能要与不同的人打交道 ◇在竞争与合作并存的生活中，尤其需要协调能力
协调力更有利于解决冲突与矛盾	◇解决问题和化解矛盾是现代人需要具备的重要素质 ◇协调力意味着懂得变通、妥协，懂得尊重他人的想法，这种能力有利于解决冲突与矛盾
协调力分为内协调与外协调	◇管理学认为，协调分为内协调与外协调 ◇内协调主要是针对团队内部进行协调，例如调动团队成员的积极性，及时沟通等。外协调是对外的协调，例如整合外部资源，说服其他团队与自己合作等
形成协调力是高中阶段的发展任务	◇当孩子进入高中后，父母就要培养孩子综合地协调各种事务的能力。这与高中生的心智发展一致，也与高中阶段的成长任务一致
协调力有助于高中生扩大交友范围	◇随着年级升高，高中生扩大了交友范围，需要随时随地结交朋友 ◇学会协调自己、协调关系，才能在各种关系中游刃有余

首先训练孩子听、说的技巧

在生活中，我们经常会看到身边有这样一些人：他们虽然水平很高，认真工作，但是缺少协调力，做事手忙脚乱，顾首不顾尾；

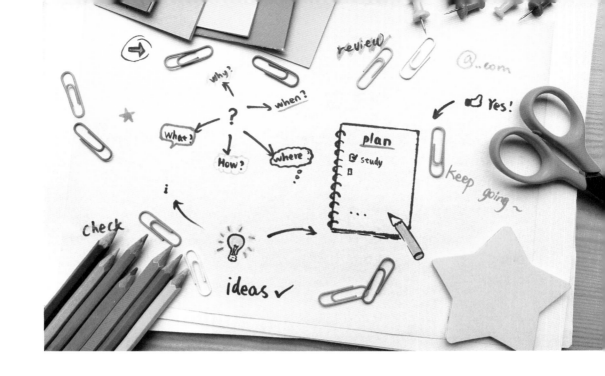

或者做起事情来与周围的人疙疙瘩瘩，矛盾重重，难以与大家团结协作；抑或对事物缺乏洞察力，感觉一片混沌，无法适应新的任务。这些缺乏协调的问题会影响孩子的发展。所以，父母必须强化孩子的沟通能力。有效的沟通是协调的前提。沟通包括说与听两个部分，既要教孩子和他人"说"的技巧，也要教孩子积极倾听的技巧。

重视孩子解决冲突的能力

合作不仅仅是"1+1""A+B"的组合，合作中还会遇到矛盾与冲突。有的父母只教孩子与人合作，却没教孩子遇到矛盾时怎么办。有针对性地解决问题，对事不对人，采取折中、迂回、妥协的办法解决问题，求助他人，满足对方的需要以达到共赢等方法，是高中生需要掌握的解决冲突的办法。

培养孩子的洞察力

协调能力要求人对事物有明确的洞察力，能了解各种事物的特征、差异，了解不同的人的需求等。因此，父母要注意对孩子洞察力的培养。洞察力与尊重他人、换位思考、观察等有密切的关系。洞察力就是透过现象看本质，是一种比较综合的能力，需要分析与判断。父母要经常与孩子一起讨论一些社会问题、社会现象等，让孩子多分析与发表意见。

发展协调力需要循序渐进

协调力是大综合的能力，不能一蹴而就，需要随着孩子心智的不断成熟、情绪智力的不断发展逐渐形成。因此，父母也不要心急，只要在日常生活中有这方面的培养意识就够了，多给孩子锻炼的机会。正如那个想做校园电影导演的琪琪，父母只要多支持孩子，在孩子遇到困难时帮助她，多和孩子一起分析情况，多指点孩子的行动就够了。

4 养成孩子积极行动的执行力

三个月以后，琪琪的爸爸和琪琪有这样一段对话：

爸爸："电影开拍了吗？"

琪琪："还没有呢。本来已经打算开始了，可是突然不知道怎么拍才好。我每天都在设计电影拍摄方案，我们几个同学还经常讨论，可就是怎么也开始不了，总是犹豫不决。"

爸爸："把你的拍摄计划给我看看，好吗？"

琪琪："哦，还没有呢，我现在是千头万绪，一会儿想着剧本，一会儿想着怎么租场地，一会儿想着找赞助……到底应该怎么办？"

爸爸："重要的是针对目标做出决策，然后进行有效的行动，通过各种办法去实现目标。这是积极做事的执行力。"

琪琪："执行力很重要吗？"

爸爸："当然重要啦！光有协调力还是不够的，协调力是对各种资源的准备，比如人员、资金、环境等，但是还需要行动起来。积极的行动、有办事能力就是执行力。"

琪琪的爸爸对执行力的描述已经很准确了。执行力就是针对目标积极地做出决策、有效地行动，保证目标得以实现的能力。简单地说，执行力就是完成预定目标的能力。无论是个人还是团队，都特别需要这种积极行动的做事能力。

有些中学生习惯了拖延，制订了好几个计划，立下了好几个志向，但是很少行动。或者虽然有行动的意愿，但是缺乏行动的能力，最终没有达成结果。这些都直接影响一个人做事的效果。所以，执行力并非只是"行动"，它还包括对结果的评估，就是说要有效地完成，才算执行。

成长密码	具体表现
形成执行力的最重要因素是人	◇执行力的形成有多方面的因素，例如通过考核、监督、时间管理、目标管理等，但是最重要的是"人"这一因素，即一个人要做的事情要与他的能力相匹配 ◇能力与目标匹配的事情，"人"就能够很好地执行
多数高中生执行力不强	◇高中生的生理与心理特点决定了他们的自制力不够强，经常难以控制自己的行为，从而导致多数高中生执行力不够强 ◇不同的执行力带来不同的成绩
意愿、环境、能力是执行力的三要素	◇意愿，即愿意去做、想做 ◇环境，即便于行动的环境 ◇能力，不仅要想做，还要会做，有能力去做

选择合适的任务

父母首先要建议孩子选择适合自己能力的任务。如果任务过于高难，可能会让孩子感到压力大，从而出现拖延、执行不力、虎头蛇尾等现象。父母可以多和孩子沟通，了解孩子的任务和目标，知晓孩子的心理特点与做事特点，以及他们在执行任务过程中的感受，引导孩子及时调整策略，更好地完成目标任务。高中生虽然不需要父母帮他们去做，但是父母要给予关注，多提建议。

按时评估要执行的任务

养成执行力需要坚定的意志力，还需要一定的监督、评估措施。有了任务和目标之后，就要制订出周密的计划，并且按照计划进行定期评估，确认是否根据计划行动、行动的效果如何。同时，还要有一定的自我奖惩机制，例如，按时完成了就奖励自己一个纪念币或其他可以作为奖励的东西。如果没有按时完成任务，也要有相应的惩罚措施，例如没收一个纪念币等。这样定期进行评估才能达到良好的执行效果。

体验执行力带来的收获与乐趣

当孩子积极地去做某件事时，父母要鼓励孩子及时总结执行过程中的收获，体验执行过程中的美好，从而发现执行力带来的乐趣。这样，有助于孩子在下一次做事时更有动力，更积极地行动。

不为自己的错误找借口

"思想的巨人，行动的矮子"，就是形容执行力差的人。执行力差的人往往爱给自己的行为找借口，每一次拖延的行为都找充足的借口。很多成年人也这样。为错误找借口，是执行力不强的主要心理表现，父母要克服这样的行为。如果您自己执行力不够，没有把事情做好，一定要诚恳地检讨自己的行为，不要用各种借口搪塞孩子。否则，孩子也会用各种借口破坏辛苦培养起来的执行力。

回顾与思考

1. 十一国庆节或者别的假期，您和孩子想去远方旅游，您会让孩子自己设计一个旅游方案吗？

2. 作为高中一年级的学生，如果孩子事事依赖父母，您会怎样提高孩子的独立自主性？

3. 如果您因为一些家庭琐事跟孩子发生矛盾，您会如何处理？

4. 孩子习惯了拖延，制订了好几个计划，立下了好几个志向，但是很少行动，您应该怎么办？

5. 您答应孩子寒假期间到某国旅游，可是因为要出公差，计划取消，您是怎样就这件事跟孩子交流的？

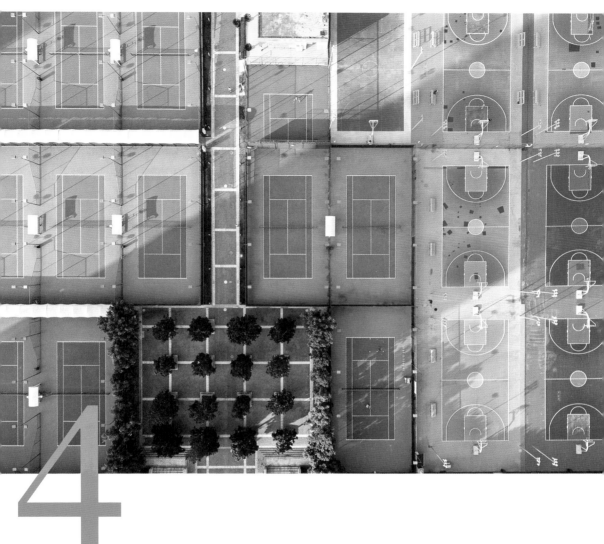

4

学会共处：拓展生命宽度

1. 在家庭活动中培养责任感

　　小悦近来和爸爸妈妈闹得很不开心，起因是小悦每次洗完澡以后，从来不记得把取暖灯关掉，也不会把掉在卫生间地上的头发收拾一下，有时甚至把换下来的内衣内裤就扔在洗手池旁边。她用过的吹风机，歪歪扭扭地放在洗手池边沿上，让人看了总是特别担心掉下来摔坏了。妈妈要求她把用过的吹风机放回抽屉，可她一次也没有做到。她洗完澡之后，已经70多岁的奶奶总是要进去帮忙收拾一番。爸爸看着生气，就批评小悦："你都上高中了，还不知道帮家里干点活儿！我也不用你帮我干什么活儿，你能管好你自己也行啊，一点儿责任感都没有！""内裤什么的都要自己手洗，你放在这里等谁给你洗啊？"再看小悦的房间里，也是乱糟糟的，被子从来不叠，书桌上摆放着学习用品、各种充电线和薯片、瓜子、花生等零食。用过的纸巾有的扔进了脚下的垃圾桶，有的扔在垃圾桶外面……爸爸妈妈如果督促她收拾房间，她就会说："我还得学习呢……""还让不让我学习了啊？"

　　小悦的行为是典型的缺乏家庭责任感的表现。有的父母在孩子小时候经常告诉他们"家里的事情都不用你管，只要把学习搞好了就行"。可是，父母会发现，当孩子长大需要承担一定的责任时，他们也"不想管任何事情"。他们不仅不想管与自己无关的事情，就连自己的事情也懒得做。

可见，在家庭里缺乏责任感，以后到了大学，在公共事务上，他们也容易缺乏责任感。新闻媒体曾报道过多起学生不会与人相处产生的悲剧。有的人会为此抑郁，也有的与同学发生口角，甚至蓄意杀人……与人打交道，是每个人在成长的过程中都会经历的事情。要让孩子在生活中更好地与他人相处，成为受欢迎的人，就必须从家庭、学校、社会等多个维度去培养孩子的人际活动技能，这样才能拓展孩子的生命宽度。

小贴士

生命的宽度，是指生命的社会空间问题，是指人与自然、人与社会、人与人之间有着和谐共生的关系。

——朱永新《拓展生命的长宽高》

新教育的理念认为生命有三重意义，分别是自然生命、社会生命和精神生命。自然生命是指个体的物质存在，如身体、组织、器官等身心系统。社会生命是指个体与人、与自然、与社会形成的交互关系。精神生命是指个体的情感、观点、思想、信仰等价值体系。父母养育子女，不仅希望孩子平安、健康、长寿，拥有生命的长度，自然还希望孩子在生活中有朋友，有很和谐的人际关系，承担一定的社会责任，遇到困难有人帮助等。只有这样，孩子的生活才能更有意义。这便是新教育倡导的生命的宽度，即孩子的成长与自我、与自然、与社会有很融洽的关系。

因此，父母在关心孩子的身体健康、学业成绩之外，更要关心孩子的人际活动。因为它是社会生命的重要部分，能拓展生命的宽度，使孩子未来的生活更加精彩。

成长密码	具体表现
高中一年级正处在人际活动需求的猛增期	◇孩子的心智更加成熟，人际交往的需求增大，交往范围也有了较大程度的扩大 ◇人际活动从家庭、学校向社会扩展
高中生需要有"温度"的知识	◇太多的事实证明，光有成绩是不够的，有些成绩好的孩子活得并不快乐，甚至在人格上并不健康 ◇无论是家庭教育还是学校教育，都要有一定的"温度"，使教育能发掘每个人的潜能，使每个人的生命得到发展 ◇所谓"温度"就是人情味，家庭和学校要给孩子有人情味的教育
人际活动有利于克服"非人化"倾向	◇所谓"非人化"倾向，就是人像机器一样机械地运转，为了个人目的或感受而做一些缺乏人性的事情 ◇如果家庭或学校教育过于关注成绩，会使孩子承受巨大的压力和竞争力，从而把自己变成一台冰冷的机器
多与人交往能更好地减少疏离感	◇网络时代，人与人的交往虽然比过去方便快捷，但人们仍会感到孤独 ◇高中生的自我意识强烈，内心丰富而敏感，渴望友谊，交往需求强烈
学会共处是21世纪的人发展的重要能力	◇学会共处就要学会尊重、关心、分享、合作 ◇学会共处还要学会表达，学会交流，学会用平和的、对话的、协商的、非暴力的方法解决问题

让孩子承担一定的家庭责任

教孩子学会共处，在家庭里的首要任务是培养孩子的责任感。这是因为责任感是与人共处、关系和谐的基础。任何一个人在社会上都有他的位置，不同的位置要承担不同的责任。例如，教师的责任是教好学生，交通警察的责任是维护交通秩序，环卫工人的责任是保持环境整洁……没有责任感的人，在与人交往的过程中难以受人欢迎。家里是最容易使孩子推卸责任的地方，他的身边有喜欢大包大揽的父母，有无微不至的祖辈。在学习压力面前，孩子的责任心易被忽视。正如小悦那样，用学习做挡箭牌，推卸她在家庭中应该承担的责任。高中生的生活能力比初中生更强，他们理应承担相应的家庭责任。

在家里设立固定的责任岗位

学会共处首先要在家里与祖辈、父母、兄弟姐妹等和谐共处。父母因为爱孩子而忽略对其责任意识的培养，并非真正的爱。要知道孩子离开父母的羽翼，离开照顾他的家庭后，他依然需要担当责任。在家里没有责任意识的人，在外面也难以有责任感。爸爸妈妈要给孩子设立固定的责任岗位，即使学习任务多也要让孩子完成自己的责任。例如，每周进行一次家庭大扫除、每天晚上负责洗碗并收拾厨房等，都是很好的责任岗位。

父母对孩子的要求要合理

父母过于看重成绩，孩子也会对成绩十分紧张，产生强烈的要得到好成绩的心理。这种心理必然使孩子唯成绩是瞻，把责任、孝心、奉献等优良品质都抛在脑后。父母一让小悦收拾房间，小悦就说要学习，就是拿学习成绩做挡箭牌。久而久之，孩子就形成了习惯，认为只要学习好就可以"一好遮百丑"。父母要了解孩子的实际能力与个性特点，向孩子提出适当的要求。

鼓励孩子的好行为

有时，孩子在家里做些事情反而被爸爸妈妈批评，这样极大地打击了孩子的积极性。一个在农村长大的男孩说："我小时候最爱帮家里干活，例如去村里的水井挑水。可我每次干这个活儿都被我妈妈骂。她说我挑水会把自己压得不长个儿。我还喜欢使用家里的缝纫机，有时候我把奶奶穿破的旧衣服缝补一下，有时又用破布头给家里做几块抹布，可是我妈妈骂我不想着学习，'就知道做些老娘们儿'爱干的活儿。"无论孩子在家里做什么样的家务，父母都要鼓励他们的好行为，这样才会渐渐地把偶尔的好行为变成自觉的习惯。

2. 在班级活动中学会团结协作

进入高中后，吴迪因为家离得远选择了住校。这是吴迪第一次寄宿，以前她都是在家里和爸爸妈妈一起居住，还有自己的单独房间。刚入校没多久，班级要求每间宿舍选一个宿舍长。大家推举了吴迪，因为在几个人里吴迪年龄最大，她又住在城里，和其他几个同学相比离家算近的了。

住校生活没到一个月，吴迪就不想住校了。她闹着要妈妈去跟老师说，让自己从寄宿生改为走读生。她的理由是宿舍里的几个人都太烦了：对面床的阿璇精力充沛，每天晚上熄灯了还唱歌，或者戴着劣质耳机听音乐，隔着一个床位吴迪都能听见耳机里的嘶吼声；上铺的晓宁动作最慢，大家都躺下了，她还在黑暗里摸索着洗脸、喝水，总是最后一个爬上床；住在门口的凡凡年龄最小也最刻苦，晚上睡觉在梦中还背单词，有一次声音大得全宿舍的人都被吓醒了……另外，吴迪还觉得宿舍脏乱差到了极点，让她难以忍受。几个女生外表看起来都干干净净的，在宿舍里却穿着小短裤和胸罩走来走去，打嗝放屁一点儿不遮掩。她觉得她们真是太不文明了！

妈妈说："既然你是宿舍长，你就要负起责任来哦，经常主动打扫一下宿舍卫生，把垃圾桶里的垃圾倒掉，多干点活不吃亏的。时间久了，大家就习惯了干净的环境。"吴迪头一扭说："我才不呢！我凭什么多干啊，宿舍长就管收钱、分配任务，干活儿大家一样多，我也不偷懒，但是别人也别想占我便宜。"久而久之，宿舍的几个同学也不喜欢她，说她"高冷"。吴迪听了很生气，在宿舍里也与大家有些格格不入，气氛经常很尴尬。

班级对高中生来说可能是人际活动最多的场所了。除了家庭，他们更多的是在班级里与同学、与老师打交道，这也是他们的主要人际活动。班级作为一个相对固定的集体，也是各项活动的主要平台。

成长密码	具体表现
班级活动有助于满足亲和需要	◇在生活中，每个人都有与人交往的需要，高中阶段这种需要更强烈 ◇高中生正处于自我同一性发展的重要时期，他们特别需要在这个阶段确定自己是谁，高中生对自己的这种判断更多地来自他人的反应
班级活动有助于获得社会性发展的知识	◇同伴交往、班级活动、学校活动、教师与同学的评价等，都能较好地促进高中生的社会性发展 ◇与伙伴交往，参加班级与学校活动等，有利于孩子学会社会规则，形成社会属性
班级活动有助于养成亲社会行为	◇亲社会的行为是指人们在社会交往中对他人有益、对社会有积极影响的行为，包括谦让、合作、帮助、分享、安慰、捐助等 ◇班级、学校的各类活动促进了孩子的社会性发展，孩子在班级、学校的活动中学习怎样与同学互相谦让，怎样分享快乐，怎样互相帮助，怎样团结协作等

亲和需要是指建立友好亲密的人际关系，寻求被他人喜爱和接纳的需要。亲和需要是保持社会交往和人际关系和谐的重要条件。亲和需要是"成就需要理论"的一部分，由美国哈佛大学教授戴维·麦克利兰通过对人的需求和动机进行研究提出来的。他认为在生存需要基本得到满足的前提下，人的最主要的需要有成就需要、亲和需要、权力需要三种平行的需要。

多支持孩子参加班级或学校活动

有些父母觉得孩子参加各种活动太耽误学习时间，因此并不支持孩子参加活动。从孩子的亲和需要、社会性发展、亲社会行为养成等方面看，参加班级或学校活动，是完成青春期成长任务的重要途径。每个人的发展都呈现一定的梯度性，在什么阶段就要完成什么任务。高中阶段是孩子的社会性、亲社会行为、道德品质等发展的重要阶段，父母要在这一阶段促成孩子发展。如果父母只看到学习的重要性，忽略了孩子的社会性发展，将来他就是一个没能很好地社会化的人，他在与他人相处、与社会相处时会遇到困惑和问题，那时候孩子受到的伤害要比没获取高分数带来的伤害更大。

引导孩子正确对待竞争与友谊

一名高中生说："我最看不起我们班里那几个成绩好的学生。他们可虚伪了。在课堂上，他们经常假装不认真听讲，和这个说话，与那个聊天，自习时间也拉着别人去玩。但是，一回家，他们就使劲儿用功。每次考完试他们都说没考好，问他们几道题目就支支吾吾或者草草了事。我特别不爱和这样的人交往。"在班级里，同学之间肯定是存在竞争的，每次考试的成绩、小组活动的名次等，都是学生之间互相比较的依据。但是，如果过度看重成绩、名次，势必影响孩子与同学的团结协作。

父母要引导孩子正确地看待竞争。首先，父母自身要用平和的心态看待成绩与名次，不把名次作为评价孩子的主要标准。其次，父母要发现孩子在社会性发展方面具备的良好品德，及时进行鼓励。最后，父母要教孩子正确地处理竞争与友谊的关系。只有竞争没有友谊，会使学习活动变得残酷；为了友谊而放弃竞争，也会使学习活动缺乏动力。高中生的辩证思维能力已经有了较大的提高，父母完全可以引导孩子处理好二者之间的关系，让孩子在竞争中与同学互相合作，共同进步。

小贴士

竞争并不排斥合作，从某种意义上来说，竞争也是一种合作。竞争的目的是提高自己，在竞争的过程中与对手交流、切磋、砥砺，以求得共同的发展。竞争以不伤害别人为前提，竞争以共同提高为原则，良好的合作促进竞争。

——摘自金大陆、黄洪基《学会共处》

学会共处还要学会妥协

高中生不仅自我意识强烈，保护自己的意识也很强烈。他们希望自己是完美无缺的，经常对自己做出积极的判断。因此，在遇到一些问题时，他们特别爱较真，即使明明觉得自己错了，也不肯承认，甚至找理由推诿。例如，两个同桌热火朝天地讨论数学题，发现答案不一致。刚开始，他们争论解题思路，后来发现是题目抄错了。然后，他们俩转向争论到底是谁抄错了题目，再后来又互相指责对方的字写得太差……无论是在家里还是在学校，只要是共处一个环境，就会有意见不一致的情况出现。父母要教育孩子学会妥协，在不违背原则的情况下能做出让步才更豁达。父母在家里尤其要注意帮助孩子养成宽广的心胸。第一，要让孩子知道应当尊重他人的想法，每个人的想法可能都有一定的道理，并非只有自己的才是对的。第二，父母在家庭里要给孩子做榜样，做一些决定时要多听孩子的意见。第三，父母也要让孩子学会向他人让步，尤其是对独生子女，不能为了孩子开心就一切由孩子说了算。

鼓励孩子与人为善

现代社会随着竞争的激烈与节奏的加快，人们在与人相处时常常会产生过度保护自我的心理，总担心被伤害，总是怕吃亏。父母在养育子女的过程中，也常给孩子灌输这样的思想。例如，看到街边的乞讨者，爸爸妈妈就会跟孩子说："都是些骗子！"看到网络上的求助信息，也会跟孩子说："别上当，全是骗钱的！"给孩子找了个家教，也会跟孩子说："别告诉同学你找家教了，他们知道了也要去找。"生活中的确有些乞讨者是骗子，网上也确实常有骗人的信息，同学知道了一些消息真的有可能跟着去学，但是在与人共处的过程中还是要与人为善在先，而不能随时随地地提防着上当受骗吃亏。比如，鼓励孩子与同学一起学习，有学习资料一起分享，让孩子在合作学习中找到乐趣；班级的同学有困难主动帮忙……任何人际交往活动都是一个互利互惠的过程，只有交换达到互惠平衡时，交往才能继续下去。孩子想获得他人的帮助与友谊，就要先对他人好，投入必定有回报。

3. 在社团活动中培养服务意识

慧慧进入高中一年级后，看到学校各种社团的宣传材料上活动内容丰富多彩，就一口气报名参加了三个社团，分别是淑女社团、团刊社团、环保社团。妈妈一听就急了，说："你参加社团我们不反对，爸爸妈妈也希望你能在社团中锻炼自己的能力。可是你看看你报名参加的是什么社团啊？没有一个是有用的！淑女社团是干吗的？你本来就是女生，还参加什么淑女社团啊？环保社团多耽误时间啊，就一个团刊社团说不定还有点儿用！"爸爸也说："高中生了，多把精力用在学习上，这些社团的活动再好，将来也不加分，对高考也没什么好处。以后还是要靠分数说话！要是非参加不可，最好参加一些文学社、英语话剧社等对学习有帮助的社团。"

慧慧因此陷入了苦恼之中。还是在初中时，慧慧就特别羡慕高中生有那么多好玩的社团，她的理想就是能和大哥哥大姐姐们一样，在社团里找到朋友，有丰富多彩的生活……可是，如今真的读高中了，学习又成了"拦路虎"。为此，慧慧和爸爸妈妈闹起了别扭。

进入高中后，孩子面临的社团活动明显多于初中。有些孩子对社团活动特别感兴趣，渴望能多参加社团活动。也有的孩子对参加社团活动没兴趣，或者因为羞涩等原因不敢参加社团活动。社团活动对孩子的成长非常有益，有利于孩子发展兴趣爱好、与更多的同龄朋友交往，同时也有利于发展孩子的沟通能力、组织能力、协调能力、管理能力等。除了这些，社团还是培养孩子的服务意识的一个重要平台。慧慧的父母之所以与孩子产生矛盾，并不是反对孩子参加社团活动，而是希望孩子在有限的业余时间里参加"有用的社团"，在她父母的眼中那些"服务"没用。

然而，服务意识是 21 世纪的人必备的一种素质。

成长密码	具体表现
知识经济时代特别需要服务意识	◇当国家发展到一定程度后，服务业更加受到人们的重视，需求也因此有较大幅度的增长 ◇服务业的发展是知识经济时代的重要特征，这也意味着对人的素质有了新的要求——人应具有服务意识
服务他人是亲社会行为的表现形式	◇服务他人顾名思义就是为他人服务，是亲社会行为的一种形式 ◇亲社会行为是指对他人有益或对社会有积极影响的行为，如帮助他人、安慰他人、捐赠财物、做义工等
培养服务意识有助于亲社会行为发展	◇高中生正处于道德认识水平提高、道德情感逐渐丰富的阶段，他们需要更好地发展亲社会行为 ◇父母鼓励孩子参加社团活动，让孩子在集体环境中受到更多同伴的影响，并且通过一些服务型的社团促进孩子服务意识的形成，是促进孩子亲社会行为发展的好方法
培养服务意识有助于提升幸福感	◇幸福感是衡量身心健康的重要指标 ◇父母要注意培养孩子的服务意识，使孩子在服务的过程中感受到帮助他人的快乐，提升幸福感

父母要多鼓励孩子参加社团活动

研究发现，榜样示范是最直接的亲社会行为训练方法，父母和教师的示范作用对孩子形成亲社会行为有比较直接的影响。父母在日常生活中善待他人，为他人服务，不计较个人得失等行为，对发展孩子的亲社会行为有积极的促进作用。因此，父母应多鼓励孩子参加社团活动，在社团活动中培养孩子的服务意识。

小贴士

学会共处的有效途径之一，就是参与社会活动，学会在各种"磨合"之中找到新的认同，确立新的共识，并从中获得实际的体验。因此，学校和社会应提供更多的时间和机会，使学生从童年起就能参与合作性的活动，包括体育、文艺和社会公益劳动。

从踏踏实实做事中学会服务

孩子对社团的选择，既是他们兴趣的体现，也能更好地锻炼孩子的合作能力、沟通能力等重要素质。因此，父母不应用"有用""无用"来评价孩子对社团的选择。即使孩子参加的不是学习型的社团活动，也一定对他的成长有帮助。所以，父母要鼓励孩子在任何社团活动中都踏实做事，不怕麻烦，不怕吃亏，把对孩子服务意识的培养看得比成绩更重要。

鼓励孩子从小事做起

服务是满足他人的需要，因此要先学会了解他人的想法。学会换位思考、不以善小而不为是服务的先决条件。正处于青春期的高中生，自我意识较强，他们更希望在活动中凸显自己。另外，一些孩子在家里常常被爷爷奶奶、爸爸妈妈宠着，心中较少有别人，只想做英雄，不想做助手。服务社会需要人们蹲下身子、放下身段，从一些不起眼的小事做起。正是在各类小事中，蕴藏着服务的大空间。父母要有意识地锻炼孩子的服务意识，让孩子看到他人的闪光点，用平等的心态看待他人。

4. 合群与个性的双赢选择

　　滢滢是一名高中一年级女生，从9月份进入高中以来，始终生活得不开心。她说高中生活和她心目中的样子差得太远。初中时，同学大多数时间不在一起，除了上课就是回家。上高中后，滢滢住校了，宿舍里有6个女孩。妈妈一再叮嘱她要和宿舍的、班级的同学好好相处。为了友谊，滢滢说她觉得自己活得太憋屈。她说："我喜欢那种平时大家各自独立、晚上回去偶尔聊聊天的生活，不喜欢大家太亲密，都没有自己的空间。可是，现在因为怕同学说我不合群，我既不想待在宿舍里，也不敢轻易离开，怕同学议论我；她们说要去网吧玩，我不想去也只能勉强跟着去，怕人家说我高傲不合群；同学要跟我借衣服穿，明明我不喜欢自己的衣服让别人穿，可我还得假装很高兴的样子借给她们……我总是怕对不起这个人那个人，怕人家说我不合群，但是我现在觉得最对不起的是我自己，让自己总是受委屈。"

　　滢滢说的"让自己总是受委屈"，自然是指委屈了她的个性和内心。明明内心想的和她做的并不一致，但是她不得不为了合群而改变自己的想法。在合群与个性之间，滢滢被挤压得很痛苦。这也是很多青少年经常遇到的问题。

如何能在社会交往中既与他人保持和谐关系，融入社会群体，又不丧失自我，保持自己的特点与个性，是高中生要学习的一种很重要的交往能力。

成长密码	具体表现
高中生更喜欢张扬个性	◇追求个性、标新立异、与众不同成为人们的新追求与时代的新需要 ◇自我意识的增强使高中生很愿意表现自己，他们希望通过各种特立独行的想法、行为，表现得与众不同，从而吸引同龄人的关注
高中生的同伴服从明显增强	◇同伴服从是高中生追求合群的一种心理基础 ◇高中时期对同伴的服从明显增强，对合群也有较高的心理期待
人际关系不断突破，需要和而不同	◇进入高中，孩子参加的社团多了，或者经常到社会中去体验、实践，他们的交往圈子更加扩大，交往范围从内圈开始向外圈扩展 ◇和而不同是指既能保持自己的独立人格，又能与不同的人和睦相处
和而不同的前提是尊重	◇和而不同的人际交往准则，不是圆滑与伪装，也不是世故与腹诽，而是在尊重他人的前提下寻求合作，尊重是和而不同的前提 ◇懂得尊重的人容忍豁达，懂得尊重的人与人为善，懂得尊重的人能换位思考，懂得尊重的人宽容厚道

小贴士

同伴服从是指个人因为来自他人的、真实的压力或者想象的压力而采纳他人态度的行为。同伴服从既有积极的影响，又有消极的影响。个体在价值观、行为、爱好等方面服从同伴群体，从儿童期到青少年中期，变得越来越明显。

让孩子了解追求个性与耍酷的不同

高中一年级的孩子刚刚步入高中，内心对青春充满着憧憬与梦想，个性张扬一些是成长的特点。但是，有个性不等于"耍酷"，不等于故作姿态、故弄玄虚。有个性的人也可以遵守规则，也可以宽厚待人。父母要多和孩子讨论这方面的话题，让孩子了解为人处世之道，对孩子的体谅、宽厚等行为给予鼓励。

让孩子了解同伴服从与合群的关系

有的孩子受到同伴服从的压力，为了合群而失去独立性与个性，甚至不顾法律的底线。父母要教会孩子理性地看待朋友，既要珍重友谊，也要保持人格独立。尤其是在大是大非的问题和法律面前，不能为了"友谊""朋友"丧失做人的底线。父母要通过不同的场景教给孩子说"不"的艺术，该拒绝的事情要懂得拒绝。

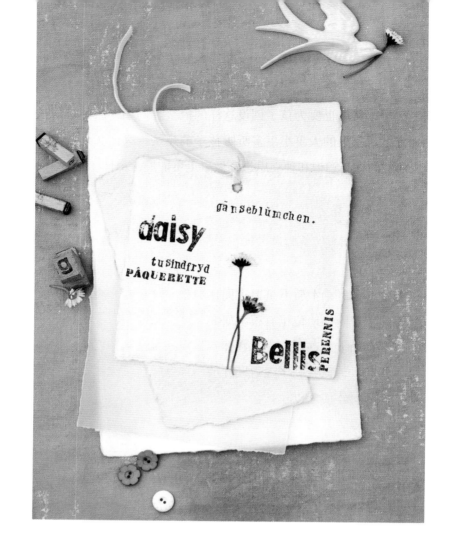

为孩子创设更多独立的机会

青春期的孩子渴望独立，其独立思考能力也是在各种独立做事的过程中形成的。父母要在日常生活中多为孩子提供独立做事的机会，鼓励孩子说出自己的想法，鼓励孩子做出判断，拿出主意。在家庭生活里，父母也要为孩子创设这样的机会。例如，旅游时请孩子设计方案，家里的大事小事多听听孩子的想法。久而久之，孩子会形成强烈的参与意识和独立思想，做事也更能展示个性。

鼓励孩子多参加各种活动

孩子追求合群，本质上是追求同伴地位，希望自己成为受欢迎的人。心理学对同伴地位也有很多研究。通过研究发现，影响同伴地位的因素有如下几种：第一，在体育运动、娱乐活动、学业成绩上获得成就的人，更有利于赢得同伴的赞许。第二，参加各种校内外活动、社区团体活动以及社会活动、娱乐活动的人更受欢迎。第三，友好、和善、开朗有幽默感、善于倾听的个性品质更受同伴欢迎。可见，父母应多鼓励孩子参加活动，一切健康的、适合孩子的活动，父母都要积极支持，哪怕只是与同学聚在一起闲聊、兜风、看电影、跳舞、逛商场等。

帮助孩子克服羞怯心理

在团体中，有些高中生会表现出强烈的羞怯心理，如上课不敢发言、害怕被老师提问、不好意思在同学面前表演节目等。这是因为自我意识的发展使高中生特别在意个人形象，对自己成为他人注意的中心感到焦虑，害怕在别人面前表现得不够优秀，害怕出错，甚至对在他人面前做事、与他人在一起感到焦虑。羞怯的孩子在团体中更容易被忽视，很难与他人建立友谊，或进行正常的同伴交往，更难以合群。父母要多发现孩子的长处，让孩子对自己有信心，鼓励孩子勇敢地亮出自己，相信自己的能力。父母还要通过一些生活情境让孩子体验成功，自信心是在一个个小成功中积累的。

回顾与思考

1. 您是如何在日常生活中培养孩子的家庭责任感的？

2. 孩子最近跟班上某异性同学交往比较频繁，您怎样跟孩子交流？

3. 孩子不喜欢参加班集体活动，认为没有意义，浪费时间，您怎样引导？

4. 孩子很爱较真，跟同学发生矛盾时，总认为自己有理，不愿意低头，您是如何培养孩子宽广的心胸的？`

5. 如果孩子比较内向，上课不敢发言，害怕被老师提问，不好意思在同学面前表演节目，您有什么好的方法让孩子克服羞怯心理吗？

5

学会做人：拓展生命高度

1. 幸福人生属于积极向上的人

朱永新教授在他的新生命教育实验报告《拓展生命的长宽高》中对生命的高度有较完整的论述。他认为："生命的高度，实际上讲的是生命的精神境界问题。一般来说，人的精神生命主要通过价值、信仰等予以体现。价值和信仰的最终归依是构筑精神高地，朝向幸福完整。价值主要是指对事物的一种判断和抉择，如对职业的选择、对生命的价值取向认识等；信仰主要是指生命的归依问题，如生死观、幸福观等。价值和信仰是个体精神生命的两个重要维度，共同决定着个体生命的高度。"可见，一个人的价值观和信仰决定了他的未来人生高度。

新教育倡导幸福完整的人生，父母也希望孩子有幸福完美的人生。毫无疑问，每个孩子也希望自己的一生幸福快乐。然而，到底怎样的人生才是幸福的？仁者见仁，智者见智。如何看待幸福，取决于价值观。价值观不同，自然会产生不同的人生目标，对生活也会有不同的感悟。

中学时期正是价值观形成的关键时期，价值观的应用范围非常广泛，对政治、财富、信仰、家庭、朋友、职业、人权、审美、健康、集体等一切的看法都是价值观。为了孩子的人生具有一定的高度，父母要培养孩子积极向上的幸福观。只有这样，人生才更幸福完整。

小贴士

幸福是指人们在创造物质生活和精神生活条件的实践中，由于目标和理想的实现而感到精神上的满足。幸福观是指人们对幸福的根本看法，是人们的世界观、人生观的反映。由于人们的生活价值目标不同，幸福观也不同。

成长密码	具体表现
家和朋友是高中生幸福的核心要素	◇幸福是人们追求的终极目标之一 ◇青少年的幸福观呈现多元化的特点，温暖的家、知心朋友、健康、快乐、为社会做贡献、自由自在、受到尊重、事业成功等都是青少年认可的幸福要素。其中，他们认为最大的幸福是有温暖的家，其次是有知心朋友
社会责任感呈现下降趋势	◇对比10多年前青少年的幸福观发现，孩子们对社会的责任感呈现出明显的下降趋势 ◇新一代更注重个人的发展与感受，个体幸福变得更加重要，对社会价值的追求逐渐下降
积极心态有助于提高幸福感	◇积极心理学认为，人们应该用积极的态度去面对生活，这样才能提高幸福感，从而拥有幸福的人生 ◇高中生无论是在求学生涯中还是未来走进职场，遇到挫折在所难免。积极的心态对孩子理解幸福与失败起着至关重要的作用 ◇高中阶段也是孩子形成积极心态的重要阶段，如果他们能用积极阳光的心态去看待身边的事，生活就会有更多的快乐

小贴士

积极心态是指积极的心理态度或状态，是个体对待自身、他人或事物的积极、正向、稳定的心理倾向。它是一种良性的、建设性的心理准备状态。积极心态就是遇到问题、困难、挫折、挑战和责任时，从正面去想，从积极的一面去想，从可能成功的一面去想，积极采取行动，努力去做。

关注孩子的心理健康状况

谈到幸福生活与人生高度，其实有两个关键词需要父母特别注意：一个是正确的幸福观，一个是积极的心态。这两者是相辅相成的，正确的幸福观有助于保持积极的心态，积极的心态又有助于形成正确的幸福观。高中生正是心理发展迅速的时期，他们在高中时的心理特征可以说是一生心态的模板。如果从小习惯了消极地看问题的思维方式，遇到挑战喜欢用消极的心态去应对，长大后要改变这种心态与思维方式比较困难。所以，父母要特别注意孩子的心理健康，为他们打好幸福的基础。

接纳生活中的不完美

心态决定心情，没有谁的人生是完美无缺的。接纳自我，接纳不足，接纳当下的生活，是保持好心态不可缺少的因素。父母要接纳"当下的"孩子，既接纳他们的优点，也接纳他们的不足；父母还要接纳当下的生活，尤其是接纳生活中的不完美。父母的心态会深刻地影响到孩子，如果父母用知足常乐的心态去面对生活与孩子的成长，孩子也会学习到这种知足常乐的好心态。

小贴士

人与人之间只有很小的差异，但是这种很小的差异却造成了巨大的差异！很小的差异就是所具备的心态是积极的还是消极的，巨大的差异就是成功和失败。

——美国成功学学者拿破仑·希尔

让孩子感受真实的生活

父母要带孩子多看看真实的生活，让孩子在真实中感受到幸福的真谛。孩子对生活、对幸福的认识来源于生活，来源于他们对普通人的了解与感悟。如果父母只让孩子"两耳不闻窗外事，一心只读圣贤书"，父母过多的呵护犹如只给他们构建了一个美丽的童话世界，而孩子不了解生活，不了解普通人的幸福来自哪里，他们对幸福、对人生的理解仅存在于电视剧或书本中。缺乏生活经验和现实体验的人很难对人生有真正的了解，更难以形成正确的幸福观。建议父母利用假期、周末等休闲时间，多为高中生提供走进大众真实生活的机会。父母也要鼓励孩子多参加社会实践活动，与同学一起贴近生活，走进社会。同样，价值观的培育也离不开真实的生活，要让孩子形成正确的价值观，必须让他们认识周围的人与事物，对生活中的各种现象进行思考，不能仅仅把价值观教育放在课堂上和口头教育上。

重视对孩子社会责任感的培养

正如前文所说，"00后"一代的社会责任感有明显的下降趋势。我们知道，幸福的人生绝不仅仅是个人的幸福，还包括对社会的责任。虽然我们倡导"以人为本"的理念，但这并不意味着仅仅追求个人的幸福与满足。高中生是成年人的预备队，未来的国家建设需要有责任感的青年。而且，每个人的成功都不能脱离集体、国家的发展，缺乏社会责任感，只追求个人成功的人生难以成为有高度的人生。所以，父母要重视对孩子进行社会责任感的培养。

关注孩子的信仰与理想

心理学研究表明，价值观对人的作用主要通过兴趣、信念和理想三个方面来体现。兴趣是价值观的初级形式，不够稳定；信念或信仰是价值观的核心层次，稳定性比较强，指引着人们的思想与行为；理想是指向未来的一种价值观表现形式，有号召力，集合了人的兴趣、想象与思想认识。父母希望孩子有幸福的人生，不仅要培养孩子的积极心态，还要关注孩子的信仰与理想。大多数高中生在高中阶段就开始对信仰有一定程度的思考，父母关注孩子对信仰的认识，关注他们的人生理想，就是关注孩子幸福人生的核心问题。

从平凡的生活中发现幸福

幸福并非高不可攀的奢侈品，它往往蕴藏在平凡的日子里。父母要引导孩子多去发现生活中的美好，从一餐饭、一幅画、一首歌、一次劳动中都能发现幸福。要做到这一点，父母要放慢脚步，带着孩子品味生活。父母也要学会欣赏孩子的每一个变化与每一步成长，用感激的心情善待身边的人。父母还要经常赞赏孩子的进步，友善地对待邻居甚至陌生人……这些都有利于形成积极的心态。总之，父母心态积极，孩子就会用积极的心态去拥抱幸福的人生。

2. 拥有充实完整的精神空间

　　近几年来，随着教育改革的不断推进，通识教育成为热点教育问题。据《人民日报》报道，2015年11月，北京大学、清华大学、复旦大学和中山大学成立了"大学通识教育联盟"，推动我国的通识教育迈向新阶段。而且，我国"十三五"规划纲要专门提出要提升创新人才培养能力："实行学术人才和应用人才分类、通识教育和专业教育相结合的培养制度，强化实践教学，着力培养学生创意创新创业能力。"2017年4月13日，中共中央、国务院印发的《中长期青年发展规划（2016—2025年）》中也提到了创新人才培养。这些体现"国家战略意图"的重要目标和发展理念，对于推进通识教育发展具有重要的指导意义。家庭教育是基础性的教育工程，更要将通识教育、创新意识、审美能力等新的教育理念融入家庭教育中去。只有这样才能培养出适合国家发展需要的人才，也才能使孩子未来的人生具有充实完整的生活。

小贴士

　　通识教育本身源于19世纪，当时有不少欧美学者有感于现代大学的分科太过专门、知识被严重割裂，于是创造出通识教育，目的是培养学生能独立思考且对不同的学科有所认识，以至能将不同的知识融会贯通，最终目的是培养出完全、完整的人。

成长密码	具体表现
高中生正是精神世界充分发展的阶段	◇随着生理与心理上的更加成熟，高中生的思维能力、认知水平也在快速发展，从而带动高中一年级孩子更敏锐地去感知世界、感知情绪、感知生活、感知文化 ◇高中一年级的孩子学业压力没有高中三年级与九年级那么大，正是发展精神生活的好时机
通识教育有利于综合素质的发展	◇通识教育并非新型教育，它是素质教育实现的一种方式 ◇通识教育提倡博学与精专结合起来，认为人文素养、科学素养、美学艺术素养、实践能力素养等是一个人必须具备的素养
通识教育有助于孩子适应全球化的人才发展趋势	◇随着全球化趋势的快速发展，对人才的需求也越来越全球化，即综合素质高的人要能够适应不同文化之间的冲突与碰撞 ◇如果只局限在专业知识中，学校对学生的教育、家庭对子女的教育就大多是单向度的，只关心知识而不关心情感，只关心成绩而不关心审美等能力
了解通识教育的理念	◇通识教育的主要理念是充分发展孩子的个性，使孩子博学多识，增强孩子的主动性，全面提高素质 ◇高中生不应只盯着书本知识，而应加强对自己的审美能力、创新能力等的培养

小贴士

哈佛大学通识教育理念于 2007 年提出，于 2009 年正式开始实施，每个哈佛大学的本科生必须在 8 大领域中各选择 1 门课程。8 大领域包括审美与诠释、文化与信仰、实证与数学推理、伦理推理、生命系统科学、物理宇宙科学、世界中的社会和世界中的美国。

用持续发展的眼光看待通识教育

父母养育子女，自然希望孩子有较高的综合素质。通识教育就是不仅仅让孩子学习专业知识，更让孩子学习人文知识、美学艺术知识等，使学生兼备人文素养与科学素养，成为"全面发展的人"。父母需要了解通识教育的理念，鼓励孩子进行精神世界的探索，不要把孩子的学习完全局限在课本上。有的父母认为通识教育耽误时间，学的都是没用的知识，因此并不支持孩子涉猎太广。这是鼠目寸光的看法。父母要用持续发展的眼光看待通识教育，为孩子一生的精神生活着想，促进孩子精神世界的发展、精神空间的拓展。

父母要给孩子独立选择的权利

通识教育是适合一切人的教育，不是专业的或职业的教育。这个理念的提出当初是针对大学教育，但是中国今日的教育改革把核心素养作为教育的突破口与努力的方向，更加突出强调个人修养、社会关爱、家国情怀，更加注重自主发展、合作参与、创新实践等素养。核心素养的培养将成为教育的常态，无论是高中教育还是高考改革，都离不开对核心素养的考查。因此，父母要让孩子在多学科知识中有自主选择与发展的机会，给孩子独立的权利，鼓励孩子根据自己的特点与兴趣选择喜欢的学习方式与学习内容。

小贴士

中国学生发展核心素养，以科学性、时代性和民族性为基本原则，以培养"全面发展的人"为核心，分为文化基础、自主发展、社会参与三个方面。

综合表现为人文底蕴、科学精神、学会学习、健康生活、责任担当、实践创新六大素养，具体细化为国家认同等 18 个基本要点。根据这一总体框架，可针对学生年龄的特点进一步提出各学段学生的具体表现要求。

父母要做终身学习的榜样

教育的目标和内容，只有内化为学习主体的意识和自觉行为，才能真正产生作用。父母要给孩子做终身学习的榜样，虽然已经不是学生，但父母对各种知识都感兴趣，有探索精神，喜欢思考，经常用批判思维与孩子进行一些讨论、辩论等，对孩子都是很好的榜样。厦门大学博士生导师张亚群在《什么是好的通识教育》中指出："通识教育不是简单的说教，它需要通过身教，以人格的力量影响学生的身心发展。"家庭教育中也非常需要人格的力量，父母要用自己的榜样行为影响孩子。

父母不能把教育看得过于功利

通识教育是开放的、包容的教育，这意味着它的教育内容非常宽广。因此，父母不能用过于功利性的目的去看待教育，如果只是把教育当作升学的阶梯，当作进入好单位的敲门砖，教育的内容和方法都会变得狭窄。父母既要注意孩子的课程学习，又要打开视野，注重孩子的人格养成和价值观熏陶，注重孩子的精神世界。

重视培养孩子的人文素养

让孩子拥有充实完整的精神空间，父母还要特别重视对孩子人文素养的培养。这是教会孩子做人尤其核心的一环。所谓人文素养，最重要的是具有人文精神，即"追求人生和社会的美好境界，推崇人的感性和情感，看重人的想象性和生活的多样化"。只有这样的人才是联合国教科文组织 21 世纪教育委员会所倡导的"学会做人"中的"人"。这可以说是学会做人的高境界。

3. 培养孩子对法律与规则的敬畏感

新浪网新闻报道，18 岁的中国女留学生翟某在网上公布了她和另外一名女生刘某的男朋友在一起的照片，引起了刘某的不满。刘某因此在网上发帖称"这是我玩剩下的男生"，并称翟某为"婊子"。于是，翟某和其男友、18 周岁的章某纠集了一伙人对刘某及她的朋友麦某进行绑架、软禁、殴打、折磨等欺凌行为。根据案情介绍，参与迫害两名受害者的中国留学生多达十几人，均为当地一家私立高中的学生。

2015 年 3 月 26 日，受害人麦某在校外目睹好友刘某被翟某打耳光，便上前阻止。第二天，翟某通过微信找到她，和别人一起把她带到了罗兰岗公园的一个角落，打了她几个耳光，又把她带到一家茶楼上的僻静角落，除了打她耳光外，还让人用烟头烫其胳膊、踢其肚子等。

2016 年 2 月 17 日，美国相关法庭正式做出判决：涉嫌殴打、虐待、绑架同学的三名中国留学生翟某、杨某和章某分别获刑 13 年、10 年和 6 年。法官强调，三人服刑期满后将被驱逐出美国。这一案件不仅轰动了中国、美国，也轰动了国际社会。

从这一轰动世界的新闻可以看出，在法治社会里，如果不懂法律是多么可悲的事情。

成长密码	具体表现
孩子的健康成长离不开法律与规则意识	◇规则、法律都是社会公共生活的基本准则，没有这些作为保障，社会公共生活就会乱成一团糟 ◇法律与规则看起来麻烦，给人以束缚，但同时它也是一种保护，它保护孩子健康成长，个人权利不受侵犯
法律与规则意识是综合素质的组成部分	◇法律与规则意识是中学生全面素质的重要内容之一，了解基本的法律知识，遵守法律规定，会用法律维护自己、他人、国家的合法权益，是一个现代人必须具备的素质 ◇高中生要多学习与了解相关的法律法规，这样才能依法办事、遵纪守法
尊重法律与规则彰显人的文明尺度	◇法律、规则、秩序等都是使社会有序运行的基本条件和不可或缺的前提，对人的行为具有规范性甚至强制性 ◇培养高中生对规则与法律有敬畏感，不是父母没本事，也不是孩子"无能""窝囊"，而是在提升孩子的文明素质
理性思维能力增强有助于培养法律与规则意识	◇高中一年级学生的道德发展正在走向认可与遵守社会规范的水平。这时如果能在学校和家庭加强法制教育，有利于孩子形成稳定的法律意识与规则意识
高中生尤其需要强化法律与规则意识	◇父母要从孩子作为一个社会公民的角度去看待高中生的法律与规则意识培养 ◇当代高中生或许比父母一代走得更远，世界更大。要做一个合格的世界人，更需要懂得法律与规则，这样才不至于横冲直撞，才能按照规则与法律办事

父母要先有敬畏法律与规则的意识

案例中被判刑的孩子，他们原本可以有大好的青春时光，可以享受读书、美食、旅游、服务……但是，他们显然对法律缺乏敬畏之心。他们对他人的尊严、人格也缺乏敬畏之心，以为只要不打出人命来就可以为所欲为。发生这样的悲剧，核心因素就是对法律不够敬畏。所谓敬畏，就是敬重、畏惧。其实，这是一种价值观，是对法律的价值判断。这种判断来源于成年人对孩子的影响，以及他们对生活中一些经验的判断。因此，父母在家庭中要多为孩子树立正面的榜样，对法律、公平、正义、规则、秩序等要有正面的评价。如果父母蔑视法律与秩序，把法律、规则等不放在眼里，孩子自然会受到影响。

在"学"中树立法律的敬畏意识

缺乏法律意识的人，首先是因为不懂法。学法才能懂法，懂法才能心生敬畏。高中生有较强的冒险冲动和逆反心理，他们在不断探索中了解世界，找到成长的边界。父母要重视孩子对法律与规则的学习，不要只关注孩子的学习成绩与排名。父母可以经常在家中给孩子宣讲法律故事，尤其要结合生活实践谈论法律与规则，让孩子学习到实用的法律知识。

把日常生活作为法制教育的重要场景

孩子的道德与价值观的形成，与日常生活中的经验密不可分。思想道德教育与法制教育不能仅靠学校和老师，父母要把法制教育作为家庭教育的重要内容，在日常生活的各种小事中影响孩子、教育孩子。如果孩子在课堂学到的知识无法解释现实生活中遇到的问题，孩子学到的知识就会变成"两张皮"，孩子也会成为言行不一的人。父母要有意识地把生活中遇到的问题从法律视角去解释，让孩子在"用"中树立对法律与规则的敬畏意识，逐渐形成法制思维。

多为孩子提供社会实践的机会

法律并非只是书本知识，它与生活、实践紧密相连。总是生活在象牙塔里的孩子或者总是被父母过多地保护的孩子，即使遇到与法律有关的问题也不知道怎么处理，缺少法律思维。父母要多为孩子创造实践与独立的机会，让孩子在实践中明辨是非，提升法律素质。另外，体验与实践也是中学生比较有效的学习方式。父母要结合孩子的学习特点与实际需要，选择有意义、有效果的学习方式。

小贴士

35％的受调查者认为将社会实践与法制教育相结合非常必要；52.7％的受调查者认为必要；12.3％的受调查者认为无所谓；只有1％的受调查者反对。更值得一提的是，在调查中，法制实践活动作为法制教育的基础和深化，得到了64.3％的受调查者的赞同，高于课堂学习、讲座、班会和网络等方式。

——摘自《高中生法制教育的瓶颈分析及对策研究》

父母与孩子的相处要讲规则

有些父母在养育孩子时常常不讲规则，对孩子实行的是"抽风式"教育，高兴了可以什么规则都不讲，孩子想干啥就干啥，要什么给什么。如果孩子让父母不高兴了，父母就板起脸，孩子做什么都不行，提什么要求也不答应。这样的家庭教育是前后不一致的教育，是不讲究原则的教育。父母与孩子相处不讲规则，孩子也难以形成规则意识。

4. 在志愿服务中培养善心

上海市南洋中学高中二年级学生詹幸蓓说：

  志愿服务活动不仅仅丰富了我们的课余生活，也让我们对志愿服务工作有了新的认识。有一次，我正在博物馆为南洋初级中学的弟弟妹妹们讲解，发现听讲的队伍里渐渐加入了游客的身影，他们跟随着我们的队伍一同前进，聆听着我们这些高中生讲解员对展品的介绍，直到讲解结束。游客说，如果我们自己不说是高中学生，他们真的会以为我们都是专业的讲解员，并且表示我们的讲解对参观博物馆有很大的帮助。当我们看到游客脸上的笑容和满足，觉得一路以来的辛苦和付出是值得的。我想，这种"助人""乐人""乐己"的感觉，便是志愿者服务的意义所在。

  上面这段话是上海市一名高中生在志愿服务中的收获。谈起志愿服务，有的学生有抵触情绪，觉得太浪费学习时间，有的父母也不希望孩子在志愿服务中花费太多的时间，只要做做样子就行了。可是，对于高中生来说，志愿服务是一项很好的社会实践活动，既能对孩子进行社会教育，又能鼓励孩子进行自我教育，同时也是学校和家庭对孩子进行爱心教育、价值观教育的重要途径。

成长密码	具体表现
志愿服务能有效地促进社会融入	◇高中生正处于人生观、世界观、价值观培育的重要阶段，多参加志愿服务，有助于孩子多与社会上的各方面人士进行交流，能有效地促进社会融入 ◇高中生是即将跨入社会的准成年人，他们需要了解社会，更好地融入社会
志愿服务具有同伴教育的优势	◇高中生对同伴有着一定的从众倾向，和同伴一起进行志愿服务既交了朋友，又了解了同龄人的想法，还能听取或采纳同龄人的建议 ◇孩子在志愿服务中与同伴交流意见，小组讨论，策划活动等，比和成年人在一起更轻松，也更容易分享信息、经验、知识
多参加志愿服务能丰富高中生的阅历	◇高中生在志愿服务中把学到的知识、技能运用到实践中去，既检验了所学到的知识以及自身的能力，也提高了自身的素质 ◇在为他人服务中了解了国情，开阔了视野，丰富了阅历，砥砺了性格
志愿服务是国际教育的新趋势	◇有些父母希望孩子将来到国外读大学，志愿服务也是国外大学在录取学生方面的一个考察指标

小贴士

教育部于 2015 年制定并出台了《学生志愿服务管理暂行办法》；2016 年 6 月，教育部又联合共青团中央印发了《关于加强中学生志愿服务工作的实施意见》，保障中学生志愿服务的顺利进行

志愿服务以自愿为前提

志愿服务的突出特点是自愿性、实践性和无偿性，既是实实在在的社会服务活动，又包含着深刻的思想政治教育内容，具有帮助他人、完善自己、服务社会、弘扬新风的功能。但是，无论是学校还是家庭，在鼓励孩子进行志愿服务的时候都要以自愿为前提。虽然父母要多支持、鼓励孩子参加志愿服务，但也不可把这个服务作为评价孩子的标准，或者强迫孩子参加。当然，父母可以通过多种有趣的形式提高孩子对志愿服务的兴趣与积极性。只有孩子自身有积极性，志愿服务才能更持久、更深入。

志愿服务可大可小

家庭可以为孩子提供各种志愿服务的机会。虽然中学生志愿服务多由学校组织，但是家庭为孩子提供的个性化的志愿服务机会，也会对孩子有一定的吸引力。父母要多为孩子提供灵活多样的、可大可小的、可长可短的志愿服务活动，比如，周末带着孩子一起去参加社区的留守儿童陪伴成长服务、义务保护小区环境等活动。父母要引导孩子从小事做起，将志愿服务融入日常生活中去。

志愿服务应多让孩子自己做主

在志愿服务中，父母和老师都要突出高中生的主体地位，调动孩子的参与热情与创造灵感，让孩子多表达意见，多提供创意。孩子们的想法也许更有趣，形式也许更灵活。

志愿服务要量力而行

有的父母也希望孩子多参加志愿服务，有这种意愿的父母是有长远眼光的，是为了让孩子更好地成长与发展。但是，父母也要根据孩子的实际能力为他们提供志愿服务的机会，让孩子量力而行，不要拔苗助长。有些志愿活动并不适合高中一年级的学生，如果让孩子感觉压力太大，做起来困难，他们的积极性就会被削减。

父母要先了解志愿服务的意义

研究发现，孩子不爱参加志愿服务，与父母有很大的关系。有的父母只想通过走过场、找熟人的方式给孩子开个志愿服务证明，对孩子参加志愿服务并不支持，总觉得浪费时间。还有的父母担心孩子的安全问题，这也是阻碍志愿服务的因素之一。虽然志愿服务的主体是学生，但是父母、老师等成年人要先了解志愿服务的意义，主动参加各种志愿服务，为孩子做榜样。好老师、好父母要用爱培育爱、激发爱、传播爱，志愿服务正是在实践中为教师和父母提供创造爱的机会。

回顾与思考

1. 您在日常生活中，结合生活实践，跟孩子聊过法律与规则这一话题吗？

2. 您家的家规有哪些？孩子是如何遵守的？

3. 您是如何理解幸福的？

4. "人生不如意事十有八九。"当孩子遇到困难与挫折的时候，您是如何陪孩子一起度过的？

5. 孩子积极参加学校组织的志愿活动，您支持孩子，可您的爱人不支持，您会如何说服您的爱人？

第 六 章

学会反思：长大的必经之路

6

1. 认知模式升级心智才能成熟

每次月考结束，老师都要求学生写"考试反思"，就是让学生对本次考试进行反思，写出自己做得好的地方，也写出本次考试存在的问题，并列出下次努力的目标。老师要求学生的父母在"考试反思"上签字，并在第二天交回。

刚开始时，悦悦还很认真地写"考试反思"，有时写了满满两页纸。这样做了几次之后，悦悦就不想认真写"考试反思"了，她觉得这是耽误时间，还不如多背几个单词、多做几道数学题呢。于是，她把任务推给了姐姐，让姐姐帮她写。

姐姐一头雾水地问："怎么写啊？这不是我的考试反思。"

悦悦说："随便编吧，反正老师也不一定看。"

考试反思交上去后，没想到老师真看了，并且一眼看出来这并不是悦悦自己写的。在班会上，老师虽然没有点名，但是说了长长的一番话："让同学们写考试反思，看起来是多此一举的事情，但是这对你们重新思考自己的学习方式、学习习惯等很有意义。你们自己对每个科目出现的问题、经验、体会进行整理与分析，并加以记录，这是一种内心自省活动，是大家认识自我的过程。把它们写下来，可以强化你们对学习问题的认识，使你们能够反思，积累经验，改进学习方法。考试反思还能帮助你们宣泄不良的情绪，比如考得不理想，通过分析、反思可以缓解考试产生的焦虑，对遇到的学习困境进行理智的反思。如果考得好，也可以通过考试反思坚持下来，固定为好习惯。另外，这也是培养同学们学会反思的好办法。要想在未来的学习、工作中取得好成绩，需要养成反思的习惯……"

老师的一席话，不仅告诉同学们反思的重要性，也告诉同学们为什么要学会反思。父母也要认识到反思的价值，在家庭生活中培养孩子学会反思的好习惯。

成长密码	具体表现
高中生的反省思维有所发展	◇高中生能够对思维活动的进程进行自我调节，呈现出反省性、监控性的特点 ◇随着年龄的增长，孩子的自我监控能力得到不断的发展，呈现出从他控到自控的特点
自我监控能力落后于其他心理能力的发展	◇虽然高中生的自我监控能力比小学、初中时有较大的发展，但是和其他心理能力相比，还是发展得慢一些 ◇比较而言，直觉思维、创造性思维等发展更快
高中生思维的批判性有显著的发展	◇高中生的思维还呈现出批判性的特点 ◇对身边的事物、父母和老师的行为等都进入了怀疑、辩论时期，不再轻信成年人。同时，他们也用批判的眼光审视自己，对自己的言行举止等进行反思
高中生的思维还存在片面性和表面性	◇虽然高中生的抽象思维到高中一年级时基本上趋于成熟，但是和成年人相比仍然会表现出偏执的特点，看问题不够全面与深入 ◇高中生的辩证思维没有发展成熟，知识和经验不足

营造有利于反思的家庭氛围

从高中生的思维发展特点来看，在高中阶段培养孩子的反思能力是非常关键的，有利于孩子从不同的角度看问题；对问题进行全面的考察、分析、思考，也有利于孩子的创新精神培养。因此，父母不可放过高中一年级这一养成反思习惯的关键期，要多为孩子营造有利的环境，在家庭中形成反思的氛围。思维可以通过锻炼来促进其发展，父母可以经常与孩子一起讨论问题，尤其要引导孩子从不同的角度看问题。和孩子一起阅读完一本书时，要反思一下作者的意图是什么，他是通过哪些细节表达这样的意图，用了什么表达方法等。同样，看电影或电视剧、玩游戏等，都可以增加这样的反思环节。

多鼓励孩子进行反思性学习

在课程改革的大背景下，学科课程与教学遇到了极大的挑战，要求教师注重培养学生的反思能力。同时，考试改革也对学生提出了很高的要求。英国哲学家洛克认为，反思是心灵对自己思维活动的反观、自照。美国教育家杜威认为，反思是反复地、严肃地、连续不断地对某个问题进行深思。可见，反思不仅仅是反观自己，还包括对学习行为的不断思考。父母可以利用孩子日常的学习鼓励孩子反复思考，促使他们拓展思维，养成深度探究的好习惯。

小贴士

反思性学习是指学习者在获得知识或技能的过程中通过阅读、提问、听讲、交流、实践等环节，对知识的源起、内容及自己的思想行为或周围的现象不断地进行审视、思考，从中得到启示和借鉴，进而形成新的认识的过程。

经常将孩子置于问题当中

具有较强反思能力的人并不习惯于轻易地接受他人给予的答案。当他们得到一个问题的答案时，总是习惯性地去了解答案是怎么得来的，还有没有其他可能的答案。父母要经常这样启发孩子的思维活动：这个结论对不对？为什么是这样的呢？经常提问、经常质疑，就能促进孩子的思维活动，形成反思习惯。

多激发孩子的反思兴趣

三天打鱼，两天晒网，难以养成反思习惯。只有长期地、渐进地、反复地努力才能形成反思意识。怎样才能让孩子坚持不懈地经常反思并形成习惯呢？意志在其中会发挥很大的作用。但是，顽强的意志不是凭空而来的，它需要兴趣来维持。因此，父母要具有一定的反思意识，经常性地激发孩子的反思兴趣，从而形成强大的力量，把反思意识内化为习惯。例如，对某一件事家人经常进行互评与自评，在评议自己、评议家人时引发孩子的思考，并让孩子感到评价的乐趣。孩子会在参与评议中提高反思意识，形成反思能力。父母还可以鼓励孩子写反思日记，对一次考试、一次经历或一件事情进行反思。

2. 培养孩子的自我评价能力

2015 年 6 月 27 日，西安交通大学校长王树国在学生的毕业典礼上发表了题为《学会反思和包容是一种美德》的致辞，给即将毕业的莘莘学子以劝诚。他说：

"看着大家经过了 4 年、5 年的辛勤努力，用汗水换来了今天的荣誉和证书，又将踏上新的征程，我的感受很复杂，希望大家未来发展得更好。

"今天，我最想告诉大家的就是：人一定要学会反思自己的不足，充分认识自己的不足是做人的一种美德。最近，我收到一位校友的来信，他已经是社会上的成功人士，他托我告诉年轻的学弟学妹们，年轻人一定要学会反思自己的不足，一定要学会包容。他在信中讲到，公司里每年都招收很多应届毕业生，他从新进的毕业生身上逐渐感受到了一种和社会文化不相容的东西，那就是走向新的岗位以后，他们总是不停地指责单位、抱怨社会，总是在挑剔别人不尽如人意的地方，却很少反思自身的不足。正是在对别人的指责当中，自己的形象以及留给别人的印象大打折扣，慢慢地不被周围的群体乃至整个社会所接纳。或者用一句哲学的话概括：'看不到自己的不足，恰恰是自己最大的不足。'我之所以跟大家讲这些，是因为做人要求我们这样。大家常说谦虚是一种美德。发现自身的不足，并不断地去弥补它，也是一种美德。看别人要多看别人的长处；看自己，最好是多看自己的不足。只有这样，人才能长进，事业才能进步，社会才能发展。如果我们满眼看到的都是自己的优点、别人的不足，这不仅会助长自身的骄傲情绪，也会助长我们对社会的负面印象，还会导致我们与周围的群体格格不入。因此，只有发现自身的不足，并不断地去弥补它，多看别人的长处，并不断地把它变为自身的素质，我们才会持续得到提高……"

　　王校长的致辞告诫同学们，要在未来的职场生活中经常检讨自己的不足，了解自己的不足比了解自己的长处更有智慧，更需要勇气。的确如此，一些"00后"青少年从小在父母的赞扬声中长大，他们习惯了只看到自己的优点，看不到自己的不足，更无法接受他人的批评。父母教育孩子学会反思，既要让孩子看到优点，也要看到不足，尤其是要学会客观地进行自我评估，发现自我潜能。这既是反思的过程，又是反思的方法，更是反思的红利。通过反思，孩子掌握了客观地评价自己的方法，就会发现自己的优势，为生涯规划打下基础。

　　简单地说，就是父母要注重培养高中生认识自我的能力，通过认识自我、客观地评价自我，为自己找到最佳的发展方向。这也是高中一年级学生需要完成的重要任务。一个人几乎从出生就开始了认识自我、探索世界的过程，只不过在婴幼儿时期、儿童时期，他们的探索还比较初级。从初中毕业进入高中，孩子对自我的认识、探索更深入了一步，他们更需要客观地认识自我。

成长密码	具体表现
独立性、抽象性、批判性、稳定性是高中生自我评价的特点	◇随着抽象思维的进一步发展，高中生的自我评价更全面、更深刻，有了一些批判性，能深入地分析自己的优缺点 ◇高中阶段的自我评价更稳定、更成熟
高中生有能力对自我进行评价	◇著名心理学家皮亚杰认为，青少年的思维能力接近成年人，他们的思维已经进入形式运算思维阶段 ◇高中生和小学生、初中生不同，他们对自我的行为、品质、能力、兴趣等可以进行一定的价值判断
高中生的自我评价依赖于反思自我评价	◇所谓反思自我评价，就是个人对他人如何看待自己的知觉 ◇高中生对自己的评价依赖于反思自我评价，将他人对自己的评价纳入自己对自己的评价中来
自我认识水平影响人生规划	◇高中阶段是一生中自我意识发展、自我认识水平提高的关键期，如果高中生能全面客观地评价自己，有助于对自己的人生进行合理的规划 ◇世界上很多国家都特别重视对学生进行自我认知、自我评价能力的培养

父母应多鼓励孩子进行自我评价

孩子是自我评价的主体，父母要多鼓励孩子评价自我，谈谈对自己的看法，无论是学习、做人、交友、爱好，还是未来的发展目标。父母要以孩子为主体，多倾听孩子的意见。不要孩子一谈起自己的想法，父母就横加干涉，或者急于发表意见。

父母对孩子的期待要合理

父母都希望孩子有远大的理想与目标，这样才能有奋斗的动力。但是，目标需要孩子自己去确立，父母给孩子的期待不要过高，要合情合理。如果父母对孩子的期待过高，会让孩子感到较大的压力，从而影响孩子的自我评价，使孩子对自我的评价降低。

父母要多用积极的心态对待孩子

孩子的自我评价与父母的态度、家庭的支持有直接关系。父母积极的心态、肯定的支持有利于孩子形成积极的自我评价。高中生学业任务重，还面临着同伴交往、未来发展等多方面的压力，他们本来就容易对自己产生负面评价。因此，父母更要多给孩子积极的情感支持，使孩子从家庭中汲取力量，学会客观地评价自我。

鼓励孩子理智地听取他人的评价

前文提到，青春期的孩子对自己的评价受他人对自己的评价影响很大。父母要引导孩子理智地对待他人的评价，尤其要多鼓励孩子发现自己的优势，对他人的评价进行独立思考，不要把他人的评价看得过重。另外，父母还要鼓励孩子多交朋友，与朋友形成支持性的同伴关系。好的同伴关系有助于孩子形成积极的自我评价，不会因为缺少朋友而否定自己。

3. 善于发现自己的最佳才能区

中国著名儿童文学作家、有"童话大王"之称的郑渊洁先生，其成功的经历已经不必再去赘述。他的作品无论是小学生、初中生还是高中生都非常喜爱。他的代表作《舒克和贝塔历险记》《皮皮鲁外传》《鲁西西外传》赢得了无数孩子的追捧，陪伴着孩子们度过了快乐的童年。

谈起自己的成功，郑渊洁先生有一段著名的论述。他说："一句话，我找到了自己的最佳才能区，这是上帝赋予每个人的特殊能力，是任何个人都代替不了的。什么是最佳才能区呢？就是自己最愿意做、做起来感到最轻松的事情。这种最擅长的能力就是最佳才能。我之所以能有今天的成绩，主要是因为我认识了自己，认识自我才是自我发展的开始。"

没有无缘无故的成功，郑渊洁的一席话道出了他的成功秘诀。在这个充满机遇与挑战的社会，孩子更要了解自己、认识自己，并且发现自己的潜能。这样才不会在各种诱惑面前丧失方向。如果不能了解自己的特长，非要强迫自己做不喜欢的工作，那么他的生活不仅缺少乐趣，甚至也缺少进步的动力。虽然我们总是在赞赏勤奋刻苦的人，但是刻苦的前提是要先找对方向。

父母要在培养孩子反思习惯的同时，帮助孩子深刻地了解自我，对自己有客观的评价，找到孩子的"最佳才能区"。

成长密码	具体表现
每个人都有"最佳才能区"	◇"最佳才能"不是只有杰出的人才有，任何人都有自己的特质 ◇一般来说，大多数人只会在语言、音乐、逻辑、视觉空间、运动、人际交往等一两项上比较突出，这个突出的才能就是他的"最佳才能"
用好"最佳才能区"更有利于成功	◇生活中那些成功的人，就是充分地运用了他们的"最佳才能" ◇天生我材必有用，高中生要善于发现自己的"最佳才能区"
用好"最佳才能区"可以增强高中生的信心	◇高中一年级是承前启后的一年，这一年是否能够过渡得好，关系到后面两年甚至更长远的发展 ◇父母要让孩子尽快树立起学习的自信心，更需要用好他们的"最佳才能"，使孩子感受到学习的乐趣
志趣与潜能匹配才能激发高中生的内在动力	◇有的高中生只是在某方面有志向、有兴趣，但是他们的潜能并不在这方面，那么向目标努力的过程就会很艰难，甚至最终不能实现目标 ◇如果能把高中生的理想、志趣与他们的潜能结合起来，就如同让孩子多了一双隐形的翅膀，可以助力孩子更高地飞翔

小贴士

潜能是人们在现实生活中尚未表现出来，但在当前的发展阶段已经显现出的一种潜在的有助于某项活动顺利进行的可能性。这种可能性经过一定的学习和练习能够转化为现实的能力。潜能与先天因素有关，如语言、艺术、数学等方面的天赋。因为个人的遗传因素不同，所以各人的潜能有差异。

注意捕捉孩子的闪光点

父母和老师的责任是帮助孩子发现潜能，并将潜能有效地转化为可以自如运用的能力，从而全面提高人的素质。然而，尺有所短，寸有所长，每个人既有长项也有短板。父母要在日常生活中多捕捉孩子的闪光点，这些都有可能是潜能的"苗头"。父母不仅要去发现，更要教会孩子发现，让他们看到自己的长处。这既有利于增强孩子的自信心，形成积极向上的自我评价，也有利于孩子发现自己的潜能。

善用积极的心理暗示

现代人本主义教育思想认为，人人都具有一定的潜能。这些潜能是人类潜在的、可以通过暗示手段提高并转化为现实表现的某种能力。首先，父母要经常给孩子积极的心理暗示，使孩子在心中刻画一个积极的自我，并为之不断努力。父母要鼓励孩子根据自己的长项树立目标，把大目标分解为中目标、小目标，让孩子向着一个个阶段性的目标努力。这就是积极的心理暗示。其次，父母的眼神、言语、态度、给孩子的生活氛围等都能起到暗示的作用。赞赏的语气、鼓励的眼神与否定的预期、轻视的眼神给孩子带来的绝对是不一样的力量。最后，父母对孩子的暗示可以采取不同的形式交替进行。情景暗示、语言暗示、形象暗示、体态暗示等均可以使用，不要仅仅用语言来暗示孩子。

优化家庭成长环境

孩子的潜能在轻松民主的家庭氛围中更容易得到激发，在专制压抑的环境中则有可能永远被"雪藏"。长期生活在紧张、焦虑环境中的孩子，即使有某一方面的潜能也很容易被压制。当孩子做一件事时，如果他感到愉快，他就会产生动力继续进行下去；如果他感到了压力或被否定，他可能就不想再尝试，或者干脆逃避。因此，父母要为孩子优化家庭的成长环境，当孩子发挥他们的潜能时，使他们得到鼓励与支持。

为孩子创造尝试的机会

高中生的个性发展有很大的可塑性，自我意识对他们的潜能开发有很大的调节作用。父母要鼓励孩子多去尝试，在一次又一次的尝试中，形成积极的自我意识和正确的自我概念，在不断创新中找到自己的最佳才能区。家庭教育要做的事情就是为孩子创造尝试的机会，让他们有机会展示兴趣爱好，发展优势，成为个性丰富、心理完整的人。这些都有利于孩子发现自己的潜能。

激发潜能不是智力开发或培养特长

有些父母对"潜能"有误解，以为潜能就是智力水平，就是兴趣特长，因此出现了"过度开发潜能"的现象。比如，要求孩子去参加他们并不喜欢的特长培训班，或者要求孩子提前学习各类学科知识。这些并非科学的潜能激发，甚至容易压抑孩子的个性，限制孩子的思维发展，使孩子的潜能被破坏。

回顾与思考

1. 您是如何利用孩子日常的学习，鼓励孩子反复思考，养成深度探究的好习惯的？

2. 孩子某次考试不如意，可是考过了就考过了，不习惯进行总结与反思。对此，您如何与孩子沟通？

3. 如果孩子的自我评价偏低，经常灰心丧气，缺乏积极乐观的精神，您将如何引导？

4. 您认为您的孩子身上还有哪些潜能？您认为哪一项是孩子的"最佳才能"？

第 七 章

营造健康的家庭系统

7

1. 用系统论的观点看家庭教育

芬和启是大学同学，两个人在大学里相恋，后来组成了家庭。芬的父母均是北方一个大城市里的公务员，家境不错。启的家庭在农村，父母都是老实巴交的农民。二人毕业后结婚，留在北京工作，并有了女儿小璇。如今，小璇已经是高中生了。

说起小璇，芬有很多烦恼。最让她不能接受的是小璇不成熟的样子。在芬看来，小璇一定有一些心理问题，她不爱和同学交往，过度敏感，同学无意的说笑、表情、动作都让小璇觉得是针对她的。她总是要妈妈陪她，陪她玩，陪她写作业，陪她聊心事，陪她吃饭……总之，什么都离不开妈妈。

谈起丈夫启，芬长长地叹气。启是她的初恋，但是这些年来婚姻的琐碎已经把初恋的美好感情磨损了不少。启的父母当年节衣缩食把他养大，又到处借钱供他读书，终于使他在城里安家立业。启特别感激父母，也特别孝敬父母。工作以后，启每个月都往家里寄东西、寄钱。结婚以后，每当芬与公婆有点小矛盾时，启也总是选择站在父母一边，批评芬。

凡此种种，让芬感到启的心里并没有她，只有他的父母。因此，有了小璇后，芬把绝大多数精力与时间都给了小璇。启很少参与家庭教育。在孩子眼里，他就是一个经常不在的爸爸。久而久之，小璇的眼里只有妈妈，所以她总是缠着妈妈，什么都只跟妈妈说。一旦妈妈没有时间陪她，她就气急败坏地威胁妈妈要跳楼。

　　分析芬的生活以及她的家庭教育，我们可以看出来，夫妻关系的生疏使芬与女儿小璇更多地黏在一起。起因是启结婚以后与他的原生家庭并没有很好地分离，他孝敬父母没有错，但是在孝敬父母的同时忽略了经营好夫妻关系。他与妻子离心、生疏，使妻子对婆家也心生埋怨，觉得是婆婆一家在与她抢夺丈夫。她抢夺不过，只好把所有的爱给小璇。于是，拧巴的夫妻关系导致孩子的成长也拧巴着，使孩子不能像一个高中生一样长大。

　　家庭教育不是孤立的父母对孩子的教育。家庭是一个大系统，在整个系统中，不同的零件有着不同的作用，它们在自己的位置上影响着整个家庭教育。因此，父母必须了解家庭系统理论，从系统论的角度来重新认识家庭教育，也许会有不一样的思考。

成长密码	具体表现
家庭系统具有整体性的特点	◇家庭系统论认为，家庭作为一个整体，其整体功能大于每个部分加起来的功能 ◇父母教育子女，不能只是父母对孩子的教育，父母还要先教育自己，要把家庭环境也作为教育的因素考虑进去 ◇在教育内容方面，也要有整体视野，不能只考虑智力开发而忽视道德教育，不能只考虑物质需要而忽略精神创造……

成长密码	具体表现
家庭系统具有相关性的特点	◇家庭系统论认为，家庭系统的各部分是互相关联的，一部分出了问题会影响到另外一部分 ◇如果夫妻关系出现问题，会影响孩子。同样，婆媳关系出现问题，也会影响夫妻关系
家庭系统具有动态性的特点	◇动态性原则是指家庭系统不是死水一潭，会不断地发展变化，但最终会保持平衡 ◇动态的变化，使每个家庭系统的职责、功能也会有变化
家庭系统具有时序性的特点	◇任何系统都有它的任务与发展目的，不同的时间，目的不同，任务不同
家庭系统具有层次性的特点	◇层次性就是等级结构，系统中的成员按照一定的层次与等级排序，从而保证系统合理地运转 ◇在家庭里也是一样，祖辈、父辈、孙辈等都有不同的角色和不同的职责

小贴士

德国心理治疗大师海灵格首先提出了家庭系统论。他认为家庭是一个稳定而开放的系统。"稳定"是指家庭中的成员总体来说是稳定的，成员之间的交往也有特定的模式，例如夫妻交往、亲子交往等都有特定的规则。"开放"是指家庭系统不断地与家庭外的系统进行交往，例如夫妻都会与其原生家庭进行交往。每一种关系都对另外的关系有影响，一种关系出现问题就会影响另外的关系。在家庭教育中，如果夫妻关系出现问题，或者与父母的关系出现问题，就会影响家庭教育的效果。

家庭成员各就其位，各司其职

家庭系统理论认为，家庭系统中也有很多子系统，例如父母子系统、亲子子系统、同胞子系统，每个子系统有各自的功能，每个成员也有其不同的职责，不越级，不逃避，各司其职，家庭系统才能健康地运转。例如，夫妻关系在家庭各子系统中要起到基础性的、主控的作用，祖辈关系不能代替夫妻关系包办孙辈的教育，夫妻也不能将孩子的养育职责推给老人。建议家庭成员之间做好协商，为了孩子确定好每个人的边界，各自完成好自己分内的职责。

关系健康教育才有效

除了各司其职之外，家庭成员之间也要尽可能地建立健康的关系。仍以夫妻关系为例，如果夫妻关系不够健康，一方过于强势，一方比较弱势，夫妻二人经常发生冲突，也会影响家庭教育的效果。某机构曾对 16 个地区 18 个少管所的少年犯进行问卷调查，发现 26.2% 的少年犯来自破裂家庭。其中，如果父母冲突非常多，孩子会表现出紧张不安、胆怯、害羞、不合群、被同伴拒绝、有攻击性等特征；如果父母冲突比较多，孩子对暴力游戏、网瘾、攻击性行为的偏好也会明显增多；如果父母虽然冲突较少，但是教育态度不一致，孩子也明显提高了攻击行为。可见，夫妻关系不够健康，会令家庭教育的效果大打折扣。

父母要主动调整教养孩子的态度与方式

某著名心理学家曾对母亲的态度与孩子的性格互动状况进行过研究。结果发现，母亲的教养态度对孩子的性格有较大的影响。其具体影响如下表所示：

母亲的性格	孩子的性格
支配的	服从、无主动性、消极的、依赖的、温和的
照管过甚	幼稚的、依赖的、神经质的、被动的、胆怯的
保护的	缺乏社会性、深思的、亲切的、非神经质的、情绪安全的
溺爱的	任性的、反抗的、幼稚的、神经质的
顺应的	无责任心、不服从、攻击的、粗暴的
忽视的	冷酷的、攻击的、情绪不安、创造力强、社会的
拒绝的	神经质的、反抗的、粗暴的、企图引人注意、冷淡
残酷的	执拗的、冷酷的、神经质的、逃避的、独立的
专制的	依赖的、反抗的、情绪不安、自我中心、大胆的
民主的	独立的、爽直的、协作的、亲切的、社交的

从表格中可以看出，如果母亲对待孩子的态度是民主的，孩子更有可能拥有健康、快乐、独立的性格和心态。相反，如果母亲采取忽视的、拒绝的等一些不良的教养方式，孩子会形成心理与性格上的缺陷。因此，建议父母主动调整自己的教养态度，为孩子营造健康的成长环境。

重视整个家族环境的营造

家庭是一个系统，家族也是一个系统，家族中各子系统互相影响，从而形成了我们常说的家风、家庭环境等。父母要为了孩子改变成人的世界，主动与家族中的其他成员和睦相处，使整个家族的关系健康和谐，给孩子营造良好的成长氛围。

2. 促进家庭中的情感交流

  飞飞和鹏鹏是一对双生子。最近，两个孩子都升入了高中一年级。不同的是，一个在姥姥家长大，一个在奶奶家长大。大家都羡慕他们的妈妈有两个儿子，多好啊！看着高高大大的儿子站在自己面前，想想就有成就感。可是，飞飞和鹏鹏的妈妈一点儿也不高兴，说起两个孩子，她说自己"真倒霉"。为什么会这样呢？她说：

  "人家生闺女的，都有件贴心的小棉袄。可是我们家这俩儿子，小时候还挺好玩的，长大了都不爱说话，平时他俩都在两边老人那里上学，周末才回家一次。回家了，哥俩都盯着手机，或者在网上玩得好热闹，和我说的话都能数得过来，和他们的爸爸话就更少了……手机还都要高级的，一个要买另外一个也要买，能不给哪个买啊？这不是倒霉吗？家里有两个'建设银行'，以后都需要娶媳妇，都需要我们花大钱，但是现在连和爸爸妈妈都懒得说话，将来还能指望他们干吗啊？"

  前段时间，网络上流行一句话："世界上最远的距离，就是我们面对面坐着，你看着你的手机，我看着我的手机……"很多父母都发现孩子进入青春期后，和父母的交流逐渐变少了，孩子的心思不

128

爱和父母交流，反而喜欢与同伴说，或者在网络上和陌生人说。尤其是进入高中后，随着学习任务的增加，家庭成员之间的交流更少了。爸爸妈妈每天忙着上班，孩子忙着上学，有的孩子放学后还要在学校上晚自习，回家已经晚上9点多了，回到家里吃点东西后还要继续学习。因此，爸爸妈妈普遍感到孩子进入高中后，家庭成员之间的交流越来越少了。

成长密码	具体表现
高中生的情感内隐性与表现性共存	◇孩子进入高中后，情感不再像小学和初中时那么外露，他们的情感出现了明显的内隐性 ◇高中生的情感还存在一定的表现性，比如喜欢夸大某种情绪或者缩小某种情绪
高中生的情感存在明显的两极性	◇高中生的情感阴晴不定，喜欢非此即彼，容易走极端
情感交流是家庭生活的重要组成部分	◇家庭成员的情感交流是建立和谐家庭关系的润滑剂 ◇缺乏情感交流的家庭，生活大多单调、沉闷，甚至感到压抑
家庭情感交流有利于家庭教育	◇家庭中情感生活丰富，对每个成员的身心健康都非常有益，每个人都有机会把内心的想法更充分地表达出来 ◇情感交流是亲子理解的关键，也是亲子沟通的桥梁

家庭情感交流的形式不拘一格

情感交流不仅仅是聊天、说话，很多形式都可以作为家庭情感交流的载体。例如，夫妻结婚纪念日、孩子或父母的生日、家庭共

同的娱乐活动、一起去旅游、一起做家务，都是情感交流的好形式，可以随时随地进行，不拘一格。只要能使家庭成员关系亲密的活动都是情感交流。

家庭情感交流首先是夫妻情感和谐

有的父母只把家庭的情感交流注意力用在父母与子女的情感建设上，父母总想了解孩子的心思，总想听孩子说点儿什么，也总想把自己的教育观念、计划等灌输给孩子。但是，有的父母忽视了夫妻之间的交流。夫妻关系不和谐，两个人的相处可能冷若冰霜，甚至剑拔弩张。这样的家庭生活不利于和谐亲子关系的建设。所以，父母首先要重视夫妻情感的建设。

让家庭生活充满新鲜感

家庭生活日复一日，日子久了，的确容易使人感到平淡无味，也自然少了很多情感交流的兴趣。因此，父母既要重视情感沟通、婚姻保鲜，也要重视营造家庭生活的新鲜感。这是因为婚姻保鲜与家庭生活保鲜密不可分，婚姻生活是家庭生活的一部分。父母可以鼓励孩子为家庭生活设计一些小花样。这样做既能鼓励孩子多参与家庭生活，又能增进家庭成员之间的交流。

父母要先抵制电子产品的诱惑

很多父母习惯于要求孩子少上网、少用手机，自己却控制不住使用各类电子产品的频率。比如，有的父母一边吃饭一边看电视或手机，还有的父母长时间煲电话粥。晚上，父母要求孩子早睡觉，别上网，自己却长时间在网上玩游戏。父母沉溺于电子产品，一是与孩子少了很多交流的机会，二是给孩子树立了不好的榜样，让家庭情感交流的机会更少。

3. 用好家风滋养孩子的品德

家风是一个家族世世代代流传下来的体现家族精神、品德、格调和气质等，用以约束家庭成员行为习惯的家庭文化。它是家庭长期培育出来的，具有强大的感染力。它不仅是家庭美德的体现，也是一种精神力量。

一名叫李丹的学生谈起家风对她的影响时说：

寒假在家中和爷爷聊到曾祖父。曾祖父是镇上的一个医生，算不上名医，但是在当地也小有名气并且备受尊重。曾祖父行医时做到"三不"：不坐轿、不乱收费、不误诊。遇到困苦的患者，抓药全免；遇到灾荒年月，开仓济民，一一相送。有乡人赠匾誉为"德医"。很早以来，我家就留传有"从善积德，善举光宗"的家风。爷爷现在是一名退休的人民教师，在自己老家一所公办学校教书育人40载。在爷爷任职期间，生活条件是很艰苦的，尽管如此，他依然牢记祖辈留下来的"善举光宗"，仍以扶助他人为己任，送教送学，帮农帮耕，深得乡亲们的称赞。

到父亲这一辈，随着改革开放的实行，父亲、叔叔凭借自己的努力在商业上小有成就。虽然有句俗话说无商不奸，但是爸爸和叔叔用自己的行动诠释了"儒商"二字，诚信经营自己的生意。我在他们身上也看到了生意人的成功从来都是取决于做人的成功，他们每年都会拿出一定的钱投入慈善事业，也常常教育我做慈善最不应该的是想着回报，一个人一辈子做些善事总不会太差。人生在世，谁都有困难的时候，伸出你的手拉别人一把，哪怕只是举手之劳，也会将这种温暖传递给别人。我想，爸爸对我说做人一定要与人为善的教育离不开祖祖辈辈传下来的家风：从善积德，善举光宗。

可能受到父辈的影响，我也有自己小小的生意经。在大学学习期间，有了较多的空余时间，我勤工俭学，曾经一个人摆过地摊、在学校偶尔做过一些小生意。在这些活动中，我始终牢记父亲对我的教诲：在卖出你的产品的同时，你一定要记得给顾客提供最满意的态度和服务。在一些商业实战中，我更加明白了父亲教给我的话：做一个善良有德行的人远比做生意重要！

从李丹的叙述中可以看出，家风对她的一家影响都非常大。任何父母养育子女，都希望孩子成为一个有道德的人，希望孩子的人格健康，能被社会接纳。家风就是一个家庭的性格。父母要善于使用好家风来滋养孩子的品德，促使孩子的道德品质健康正常发展。

成长密码	具体表现
高中一年级学生的品德发展逐渐走向成熟	◇和初中阶段相比，高一学生的品德发展进入了自律阶段 ◇如果说初中时他们的情感、思维品质等还存在片面性、动荡性的话，那么进入高中后孩子们开始逐渐展现出成熟的一面

续表

成长密码	具体表现
形成道德观念体系和规则是高中阶段的主要任务	◇从八年级开始，学生的道德品质发展进入了关键期；到高中阶段，学生的道德品质开始向成熟转化 ◇主要体现为学生不再仅仅理解道德现象，而是能对其本质进行认识
环境对道德信念的形成与发展影响较大	◇心理学研究表明，环境对学生的道德信念有很大的促进作用 ◇良好的家风、班风、校风等会形成正确的舆论，影响孩子的行为。家风可以使父母的要求、道德规范等成为孩子行动的准则
长大成人的重要目标是道德发展	◇父母养育子女，都希望孩子能长大成人，成为对社会有用、被社会认可的人 ◇父母需要在家庭教育中培养孩子的各种公民素质，把提升孩子的公民素质作为家庭教育的目标之一

小贴士　中学生理解道德知识与判断的四个阶段

第一阶段：不太理解，停留在对观念的重复上，如只知道"抽烟不好"，但并未真正理解原因。

第二阶段：停留在对对象的认识上，如认为叼着烟卷的人不好。

第三阶段：初步认识到本质，如能从学生规范的角度去认识抽烟不好。

第四阶段：理解行为规范的实质，甚至上升到社会道德风尚的层面。

——摘自林崇德《中学生心理学》

尊重孩子的权利与义务

虽然家风建设对公民道德素质教育有促进作用，但是父母不能只重视健康、文明家风的营造，还要从尊重孩子的权利、义务开始。公民意识的核心是权利意识，公民道德素质教育是合格公民的教育。孩子要成为合格公民，他首先要知道自己应该享受哪些权利，同时要尽哪些义务。有了权利、义务意识，孩子也就有了边界意识。道德素质，说到底也是一种边界意识，使孩子知道什么能做、什么不能做。父母既要教育孩子了解自己的权利、义务，也要尊重孩子的权利、义务，在家庭、家族中营造尊重孩子权利的风气，用实际行动规范孩子的行为。可以说，父母尊重孩子的权利，也是营造一种文明的家风。

和孩子一起确立家庭文明规范与礼仪

家风、家规等并不单纯是自家的私事，它们都承载着一定的社会功能。家风是环境与风气，但是它对孩子的影响是通过具体的生活场景与事件等来进行的。父母要把社会对公民道德素质的一些要求细化到家规、家训上，不妨邀请孩子一起来确立自己的文明礼仪、行为规范。孩子对自己参与制定的规范做起来更有积极性。

强化家风、家规的威力

家风虽然看似无形，但它的形成并非一日之功，需要父母在生活中给孩子以示范和引导，用家风、家规等约束家庭成员的生活。要经常和孩子谈家风，要把家风看作家庭的传家宝一样去对待，强化家风的作用，赋予家规一定的威力，不要把家规看作可有可无的点缀。

父母要有筛选能力

家风对道德养成、家庭教育有很重要的作用。父母在重视家风的同时又要保持头脑清醒，不要把一些迂腐的、过时的、不当的风气引入家庭中来。家风既要有传统性，又要有时代性，要结合家庭道德教育的目标、公民道德素质教育的目标来营造家风。父母要提升自身的教育素质与筛选能力，为孩子选择适合他们的教育内容与方法。

回顾与思考

1. 苏联教育家苏霍姆林斯基说过："如果没有整个社会首先是家庭的高度教育素养，那么不管教师付出多大的努力，都收不到完美的效果。学校里的一切问题，都会在家庭里折射反映出来，而学校复杂的教学过程中产生的一切困难的根源都可以追溯到家庭。"您同意苏霍姆林斯基说的话吗？为什么？

2. 如果您生活在几代同堂的大家庭中，当祖辈与晚辈发生矛盾时，您是如何处理的？

3. 孩子进入高中后，家庭成员之间的交流越来越少，作为父母的您是如何创造交流机会，促进家庭成员的情感交流的？

4. "夫妻好了，孩子才会好。"您认同这句话吗？在夫妻情感的建设中，您是怎么做的？

5. 您读过《颜氏家训》《傅雷家书》等有关传统家教方面的书籍吗？

8

第 八 章

关注青春期的问题行为

1. 防止卷进校园欺凌的旋涡

近年来，校园欺凌问题引起了人们的广泛关注。为了预防校园欺凌事件发生，国务院于 2016 年 4 月专门下发了《关于开展校园欺凌专项治理的通知》，要求对这一现象加大整治力度。

但是，在近年的新闻媒体上，仍然能找到一些让人触目惊心的校园欺凌案件。例如：

"重庆一女生因太邋遢，被 5 室友打成十级伤残"：近日，重庆市荣昌区法院审理了一起健康权纠纷案件，多名初中女学生共同殴打一名女生兰兰，导致其伤残。而这一事件的起因，竟是兰兰在住校期间因不注重个人卫生，从而引起同寝室其他女同学的"公愤"。5 名女学生随即一起打耳光"教育"兰兰，导致其十级伤残。

"多人围殴女生事件"：6 月 21 日，江西永新县发生一起多人围殴女生事件，受到网友的广泛关注。据了解，此次涉事女生有 9 人，其中小学生有 2 人，中学生有 4 人，3 人已辍学。其年龄都在 12~16 岁之间。

"初中女生遭扒光羞辱"：四川资阳乐至 3 名未成年少女对一女孩施暴。图片显示，一赤裸上身少女被另外三名少女包围，有两名女孩还对镜头摆剪刀手。

……

这样触目惊心的事件，相信父母们一定在各类媒体上看到了不少。笔者相信，没有哪一位父母希望自己的孩子遭遇校园欺凌，也没有哪一位父母愿意自己的孩子是那些施暴者。

如果父母能够了解校园欺凌的特点及产生的因素，或许会提前干预，及早矫正，使孩子逃离校园欺凌这个巨大的旋涡。

成长密码	具体表现
中学阶段身体攻击的严重程度增加	◇很多心理学家对中学生的攻击性行为进行研究发现，和小学时相比，身体攻击行为的总体比例下降了很多，但是严重性加剧 ◇中学阶段的身体攻击甚至引起暴力犯罪事件
攻击行为具有重复发生性	◇欺负者和受欺负者在一定时间内易形成比较稳定的欺负和受欺负的关系，使校园欺凌行为不断发生
女生的攻击行为以关系攻击为主	◇女生大多数的攻击行为表现为关系攻击，比如把某个同学赶出宿舍、集体不和某个人讲话、传播对被欺负同学不利的信息等
孩子的攻击性行为与家庭因素有关	◇家庭经常发生冲突的孩子，易产生攻击性行为 ◇如果家庭冲突中有暴力行为的话，孩子也会学到一些暴力的待人方式 ◇除了家庭冲突因素外，父母的养育方式对孩子也有影响
不良同伴群体影响孩子的攻击性行为	◇孩子结交了不好的朋友，暴力行为往往会增加 ◇不好的朋友也会成为不好的榜样，使孩子跟着同伴学到攻击行为

小贴士

校园欺凌是攻击性行为的一种，也是比较典型的攻击性行为，分为身体攻击、言语攻击、关系攻击、网络欺凌四种形式。其中，身体攻击以踢、打、踹等打人行为为主；言语攻击以讽刺、挖苦、谩骂等为主；关系攻击以拉帮结派、孤立他人等行为为主；网络欺凌以网络为媒介对他人进行散布谣言类的攻击。无论哪一种欺凌形式，既使被欺凌者受到伤害，也使攻击者受到伤害，产生严重的适应不良现象，影响青少年的身心健康发展。

给高中一年级的孩子特别的关注

父母了解了引起校园欺凌的一些心理学因素及攻击性产生的特点后，就要在生活中尽可能去避免。孩子在初中和高中一年级阶段遇到的校园欺凌行为比例可能更高，形式可能更隐蔽，花样可能更多，父母要特别关注孩子日常的情绪与行为。有的孩子被欺负但不敢或不好意思跟父母说，有的孩子在外面欺负同学回家也不会告诉父母，还有的孩子被欺负一次之后不断地被欺负。这些仿佛都是扎在孩子心中的"刺"。因此，建议父母做细心的人，对这一敏感年龄段的孩子特别留意，注意观察孩子的言行、情绪和朋友关系等。

不要忽略女孩的安全与心理健康

有的父母认为自己家的孩子是女孩，就一万个放心，看着孩子乖乖巧巧的，以为孩子不会在外面惹事，也不会招惹他人。但是，现在很多出现在媒体上与公众视线中的恶性校园欺凌事件中，都不乏女孩的身影。有的女孩被人欺负，有的女孩甚至是校园小团伙的"领袖"。另外，还有些女孩子在同伴中被孤立、被嘲笑，这更使她们感到难以启齿，父母不易发现孩子的不良兴趣。建议家有女孩的父母，要对孩子投入更多的关心，常和孩子聊聊，了解孩子的校园生活、同伴关系等。

给孩子一个温馨积极的生活环境

家庭环境能影响孩子的社会性发展，父母要对家庭环境格外重视。为了孩子的健康成长，父母也要处理好夫妻关系、与亲朋好友的关系等。父母要在家庭中营造肯定的、支持的、积极的环境，让孩子生活在心态阳光、情绪平和的环境中。这既有利于孩子适应高中的新环境，也有利于他们获得积极的与他人交往的方法，用自信的心态面对高中生活。

重视孩子的同伴交往

好朋友给孩子带来的是支持与自信，是正能量；坏朋友带来的是不良习惯，是负能量。孩子上高中后，朋友关系在他们的心目中变得更为重要，朋友对他们的影响也更大。因此，父母不要只重视孩子的成绩，忽略他们的朋友交往情况。父母可以鼓励孩子把朋友请到家里来，趁机观察一下孩子的朋友。父母还要经常和孩子聊聊他们的朋友，用尊重与理解的态度与孩子谈论他们的朋友，而不是挑剔与指责。即使发现孩子的同伴交往有问题，也不能一瞬间就火冒三丈，而要理智地教给孩子一些与同伴交往的方法。

2. 减少游戏"瘾君子"从家庭开始

　　在医院接收的青少年患者中，由于沉溺于网络游戏而引发各种生理疾病就诊的比例不断上升，一些常见于中老年人中的病症也出现在沉溺于网络游戏的青少年身上。一位妈妈曾这样描述她的孩子：

　　我只得让他在家里上网玩游戏。游戏对他的影响太厉害了，厉害到什么程度？我发现他小便的颜色就像肝炎病人那样，是非常深黄的颜色。我在网上查了那些迷恋上网的人的那些反应，我觉得这个孩子就是这样的。身体上肯定受到了很大的伤害，我觉得他的眼球都缩小了。另外，吃饭他都不觉得香，他也不想吃饭。后来，我们大家就都来劝他，要他以后不再上网了。我想试试他，就把电脑搬走了。电脑搬走以后，他很生气。你叫他吃饭他也不吃，他能一两天不吃饭，甚至到绝食的地步。我觉得这样下去也不行。哎，我真是很伤心啊，但又没有好办法……

　　网络游戏成瘾给青少年带来很大的伤害，不仅影响孩子的身体健康，也影响他们的学业发展，使一些原本成绩很好的孩子逐渐失去了学习兴趣，甚至荒废了学业。也有的孩子，因为沉迷于网络游戏，导致自制力下降，无法管理自己的生活，与朋友交往少，感到孤独与无助。孩子的网络游戏成瘾行为也给家庭其他成员带来伤害，让父母们着急、上火、生气、失望……网络游戏成瘾行为虽然不是青春期独有的行为，但是青少年却是网络游戏的主体，他们的成长与发展也最容易受到网络游戏的伤害。

网络游戏大多由精良的设计团队，花费巨资制作而成，情节精彩，花样繁多，自然对青少年很有吸引力。正处于青春期的孩子，对新鲜事物充满好奇心，喜欢尝试新事物。他们在网络游戏的世界里斗智斗勇，厮杀拼打，能够满足他们实现自我、标新立异的心理需求。因此，青少年天然地与网络游戏有着深切的"缘分"。

玩网络游戏本身并没有错，也并不是所有玩网络游戏的孩子都会上瘾，父母要了解引起孩子网络游戏成瘾的一些家庭教育因素，找到抵御网络游戏成瘾的方法，使孩子既能快乐地玩耍，又不成为网络游戏的"瘾君子"。

成长密码	具体表现
高中一年级是网络成瘾最危险的年级	◇有调查发现，从小学四年级到高中二年级，孩子网瘾比例最高的是高中一年级 ◇高中一年级之所以成为网瘾比例最高的年级，是因为孩子经历了中考之后，学习会有所放松
学习压力较大导致孩子游戏成瘾	◇经常面临着很大的学习压力，总有写不完的作业，学习比较被动，缺乏主动性，这样的孩子容易有挫败感，他们想通过网络游戏证明自己、表现自己

成长密码	具体表现
休闲不够使孩子游戏成瘾	◇休闲是孩子的权利，是孩子缓解学习压力的主要渠道 ◇如果孩子缺乏积极的休闲活动，比如与同学一起出去玩耍，与父母一起阅读、旅游等，他们就可能把时间转到网络游戏上
亲子关系较差导致孩子游戏成瘾	◇相关研究表明，父母的养育方式与青少年网络成瘾行为密切相关 ◇亲子关系恶化，容易导致一些青少年移情于网络，沉溺于网络游戏

小贴士

网络成瘾可以分为网络游戏成瘾、网络关系成瘾、网络色情成瘾、网络信息成瘾、网络交易成瘾五类。其中，网络游戏成瘾和网络关系成瘾高达 80% 以上。网络成瘾是一种过度使用互联网而引发的疾病，患者无法摆脱时刻想上网的念头，出现网络操作时间失控，并且随着其乐趣的增强，欲罢不能。

帮助高中一年级的孩子解决成长困惑

从某种程度上说，不是孩子沉迷于网络游戏才有了问题，而是孩子在成长发展的过程中有了问题不知道怎么解决才沉迷于网络游戏，比如升学压力过大、缺少朋友、权益被侵犯等。出现这些问题的原因是多方面的，父母要关注高中一年级的孩子在成长中可能遇到的问题，尤其是那些孩子没对父母诉说的小心思，需要父母做有心人，不仅要发现孩子的困惑，还要协助孩子一起面对、一起解决问题。

建立尊重、平等的亲子关系

获得尊重与平等，是青春期心理发展的核心需求。父母要理解这些需求，并把对孩子的理解、对青春期子女的帮助变成行动，在生活中主动尊重孩子的想法，与孩子平等相处，多听听孩子的见解，让关系更和谐。对孩子民主的父母，孩子愿意诉说心里话，孩子总是感到被支持与鼓励，他们不会把网络看成比家庭更亲近的成长环境。

丰富孩子的闲暇生活

让孩子网下的生活比网上的生活更精彩，是高中一年级孩子的父母应该为孩子创造的环境。有的父母觉得孩子上了高中就应该抓紧时间学习，为高考冲刺做准备。高考固然重要，但是必要的休闲也不可缺少，丰富的休闲生活会让孩子释放压力、积蓄能量，更好地学习。因此，父母要重视孩子休闲的权利，丰富他们的业余生活。

鼓励孩子多参加社团活动

游戏成瘾的孩子与同伴的关系相对生疏，有的孩子性格比较内向，与他人打交道比较困难。当然，也有些孩子善于网络上的人际交往，对现实生活中的人际交往感到棘手。高中生参加各种社团活动，不仅可以锻炼自己的能力，扩大自己的生活视野，还能使他们与同龄人有更多的交往。因此，父母要鼓励孩子参加各种社团活动，只要是线下的社团活动，都应支持孩子积极参与。

训练孩子的自我控制力

高中生的自我控制力比小学生、初中生有了较大的增长，但是高中一年级的孩子往往还没有摆脱初中时的冲动，他们特别在意自己的形象，生怕不懂网络游戏被同伴笑话。一方面，父母要继续训练孩子的自我控制力，与孩子约法三章，做好娱乐方面的计划，既允许孩子玩又不过度。另一方面，父母也要和孩子制定一个合理上网的安排，让孩子照着规则办，按时上网和下网。

3. 警惕"青春期抑郁症"的偷袭

2017 年 9 月 9 日，某报报道《开学压力大高二女孩偷偷割腕，孩子患上抑郁症可能有这些信号》：

17 岁的小琳（化名）读高中二年级，在她的手腕上有三四道划痕，虽然不是很深，却很明显。因为无法应对开学的压力，她选择了割腕自杀。

在某医院儿少心理科，近一周来，医院接诊了多位因各类心理问题而无法坚持上学的孩子，年龄最小的仅 6 岁，最大的也不过 17 岁。其中，收留入院的患儿就有 8 名，自杀自残行为的有 4 名。除了割腕自杀外，更有甚者还喝农药。

17 岁的小琳来医院时，她默默地跟在母亲身后，始终低着头，情绪低落。小琳从小学到九年级学习成绩都很好，一直不用父母操心，可从高中一年级上学期开始，她上课不能集中精力，学习成绩下降，变得越来越不喜欢和老师、同学交流，只要一待在人多的地方，就莫名地焦虑、烦躁，容易发脾气。

"我们一直以为是高中学习压力大导致的。"小琳的妈妈周女士说，今年高中二年级，她特意给女儿换了一所寄宿制学校，想改变一下环境。入学第三天，女儿就哭着打电话回家："妈妈，我实在撑不下去了。"电话里，小琳甚至表现出想死的念头，父母赶紧把她接回家。没想到第二天，小琳在家里偷偷做出割腕自杀的过激行为。

在与孩子和家人的沟通中，医院儿少心理科马博士了解到，其实孩子在一年前就出现了易紧张、睡眠差等情况，孩子成绩的下降也与情绪有很大的关系。根据小琳的症状及相关检查结果判断，小琳极有可能在一年前就患上了抑郁症。

虽然近些年来人们对抑郁症的了解越来越多，但是，仍有很多人对抑郁症的认识与预防不够，对抑郁症来袭之后的治疗不够。尤其是青春期抑郁症，使父母更容易将它与孩子的其他成长问题混为一谈，甚至以为是孩子无理取闹。因此，父母要充分认识和了解抑郁症，提高对抑郁症的敏感性。

小贴士

世界卫生组织报告指出，预计到 2020 年，抑郁症将成为全球范围内第二大致残疾病。目前，全球有 3.5 亿抑郁症患者，我国抑郁症人群约 9000 万，每年有 20 万人因抑郁症自杀。

——王静《"没用的，我想死"：警惕！抑郁症瞄上"青春期"》

成长密码	具体表现
三成多青少年受到抑郁的困扰	◇有研究发现，在青少年早期或中期，有5％的人感到抑郁；在青少年后期，抑郁的比例上升，有25％的女孩和10％的男孩经历过抑郁 ◇到门诊接受治疗的青少年中，有三成多受到抑郁的困扰 ◇抑郁情绪并非抑郁症，遇到一些挫折、失败产生抑郁情绪是正常的，经过一段时间的调整会恢复正常
青春期抑郁症隐蔽性强	◇青春期的孩子患有抑郁症，常常不易被发现，甚至被"误诊" ◇青春期的孩子因为情绪易变，父母习以为常，故孩子患有抑郁症，父母也认为只是情绪小问题
"缺爱"的孩子易患抑郁症	◇抑郁症是一种消极的情绪反应，心情会持续低落，会感到悲观，对自己评价较低，自我感觉不良等 ◇和谐有爱的家庭能给孩子带来温暖，改善孩子的情绪，在父母爱的呵护下孩子会找到尊严，获得安全感

小贴士

抑郁症的病根多在儿童期，在5岁前甚至3岁前就埋下了。现在无论什么人家的孩子，富二代、官二代或平民子女，不少都缺乏爱。6000多万留守儿童是最大的隐患。家庭是孩子体验情感、发展情商的摇篮。孩子无法从"摇篮"中获得必要的安全感、尊重、亲密与爱，就容易出现低自尊、高抑郁等心理疾患。

——同济大学医学院人文医学与行为科学教研室主任赵旭东

父母要正视青春期抑郁症的表现

青春期抑郁症在青少年中的发病率比较高，它有很多种表现，有的表现甚至隐藏在一些生活细节里，如果不引起足够重视，很容易被忽略。例如，经常表现出"生病"的征兆，常说自己头疼、胸口闷、呼吸困难，也有的孩子觉得咽喉里有东西、吞咽困难，或者胃疼等，去医院检查没有什么实质性的病灶；也有的孩子出现失眠症状，晚上睡不着，早上起不来，上课无精打采；喜欢穿黑色、暗色的衣服，喜欢听忧伤的音乐，看忧伤的电影或电视剧，不喜欢笑，即使有顺利的、成功的、幸运的事情也高兴不起来；对各种活动不感兴趣，不喜欢与同伴交往，不爱参加各种社交活动；与父母作对，做事磨蹭，不负责任，例如吃饭慢、做事慢、不爱打扫房间等。这些都是抑郁症的一些常见表现。当这些症状出现时，父母不要只是觉得孩子"折腾人""闹人""找事儿""矫情"，而要正视这些症状。例如，一个有抑郁症倾向的女孩在网上留言说："我跟我妈妈说我想去死，我妈妈说你怎么不早死呢？"还有一个学生留言说："我用刀割伤了我的手腕，后来我爸爸知道了，他看了我的伤口后，竟然把我骂了一顿。"父母的这些行为，都是对孩子疾病的忽视。抑郁症既是一种心理疾病，也是一种身体疾病，如果情况严重要及时就医。

谨慎对待燃爆抑郁症的导火索

青春期抑郁症往往有一些促发的因素，一些重大事件有可能成为导火索。例如，在童年时期父母经常不在身边、缺少陪伴，或者父母一方去世，或者父母离异等。在这些成长背景下，有可能孩子童年期就已经种下了抑郁症的种子。那么，青春期遇到的一些精神创伤，就有可能点燃抑郁症的火苗。例如，失恋、考试失利、与同学关系僵硬、患病、被老师批评、与父母吵架等，都是引发抑郁症的导火索。父母要关注这些事件，出现问题要谨慎处理，避免激发孩子的抑郁情绪。

鼓励女孩多发现自身的优势

医院很多就诊的实例都证明了女孩比男孩更易患抑郁症。因此，父母要对一些性格过于内向、文静、不爱交际、缺少交流、孤僻、总是感觉不如意的女孩格外关注，她们更容易被抑郁症偷袭。因此，家有女孩的父母，要多给孩子积极的、正面的评价，鼓励女孩多发现自己的优势，客观地评价自己的劣势，坦然地接受存在的不足。女孩到了青春期以后，常常对自己的身体映像（即对自己身体特征的评价与态度）不满意，挑剔自己太胖、屁股大、小腿粗、腿短、长痘痘、乳房发育太快等，这些都会给女孩带来困扰。如果这时再遭到同伴或长辈的取笑，就会使女孩有更消极的自我评价。

鼓励孩子多与同龄人交往

同伴关系对孩子的抑郁症有很大的影响。一般来说，缺少朋友的人，与朋友接触少的人，经常被同伴拒绝的人，更容易陷入抑郁状态。父母要鼓励孩子多与同伴交往，并且引导他们在生活中对各种境况进行积极归因，即凡事往好处想，不要总是下结论"我很差""我不如别人""这件事永远也解决不了""我一点儿办法也没有"，而是要说"我很好""我比一些人强多了""这件事慢慢就解决了""我可以找到解决办法，如果我找不到，我会找人帮助我想办法"……前者是消极归因，后者是积极归因。善于积极归因的人，不仅自己心态阳光，也会给朋友带来正能量。

学会辨别"青春期抑郁症"

有时候，父母难以对孩子的表现进行判断，不知道到底是孩子得病了还是孩子的思想在作怪。美国心理学会提出，如果个体在两个星期内表现出以下九种症状中的至少五种，就可以认为其患有抑郁症：①每天大多数时间心情抑郁；②对所有或者大多数活动兴趣减低或者丧失兴趣；③体重骤减或者骤增，食欲明显下降或者增加；④难以入睡或者睡得太多；⑤内心骚动不安或者反应迟钝；⑥疲劳或者体力下降；⑦过分地或者不当地感到无价值或者内疚；⑧难以进行思考、集中精力或者做出决定；⑨总是想到死亡或者自杀。父母要了解这些状况，并仔细观察，学会辨别孩子出现的情况。

4. 谨防青春花季的性侵犯

2017 年 5 月 2 日，各大媒体纷纷报道了台湾女作家林奕含于 4 月 27 日在家中自缢身亡的消息。她的父母悲痛地发表了一份声明，指明林奕含的小说《房思琪的初恋乐园》写的几乎是林奕含的亲身经历，并透露了林奕含儿时在补习班曾被老师性侵、患上抑郁症的经过。

《房思琪的初恋乐园》，内容讲述的是初中女生房思琪遭补习老师李国华诱奸，后者甚至用计成为房思琪的"文学保姆"，使暴力加剧。多年后，房思琪精神崩溃，必须接受治疗。好友刘怡婷才从她的日记中揭露发生在她身上的残酷事件。

林奕含父母的声明发表后，一时间，网络上到处在寻找那个疑似嫌犯。但是，林爸爸、林妈妈在声明里说："她写书的目的，是希望社会上不要再有第二个房思琪，希望天下的父母、善良的男孩、女孩和男人，都能用温柔和温暖的心灵来一起保护房思琪们。"

2007 年，教育部发布了《中小学公共安全教育指导纲要》，首次将"性侵害"和自然灾害、校园暴力等一起列入中小学公共安全教育范畴，要求学校培养中小学生面临突发事件自救自护的应变能力。这不仅是学校的责任，也是父母的责任。全天下的父母都应该保护好自己的孩子不受到性侵犯，不要让青春花季为之夭折。同时，父母也应教给孩子一些自我保护的措施，使孩子能行使正当权利，守卫花季。

成长密码	具体表现
性萌动的女生易成为性侵目标	◇青春期性萌动的心理容易成为性侵者的突破口 ◇性侵者易把青春期性萌动的女孩作为侵犯对象，他们认为这些女生有性方面的需求，更容易"上钩"
流动、留守青少年易成为性侵目标	◇留守青少年的父母大多不在身边，家庭监护不够，孩子缺乏爱的呵护，很容易到外面去寻找爱与温暖，这使一些坏人乘虚而入 ◇流动青少年跟着父母到了外面的世界，虽然和父母住在一起，但是父母大多为打工者，整天忙忙碌碌，对孩子的照顾、监护不够
缺乏自护意识的青少年易成为性侵目标	◇青春期的少男少女正处于性成长、性成熟时期，这是一个充满危机的岁月，逆反、任性、急躁、自以为成熟等因素都有可能使孩子因为青春期的冲动而做傻事 ◇如果他们在家庭、学校接受到的性教育、自我保护教育不够，性侵者更容易把他们作为侵害对象
男生也要预防性侵犯	◇家有男孩的父母，也要对青春期的男孩给予关注。有的父母认为女孩才让人操心，男孩不会遇到性侵犯、性骚扰等问题，其实不然 ◇从近些年的媒体报道来看，男生受到性侵害的比例并不低

小贴士

2014 年，被媒体曝光的性侵儿童案件高达 503 起，即每天曝光 1.38 起，是 2013 年的 4.06 倍。2014 年，公开曝光的性侵儿童案件中，受害人群呈现出逐渐低龄化的趋势，以 7 岁到 14 岁的小学生居多。709 名被公开报道年龄的受害者中，0~6 岁的有 107 人，7~10 岁的有 294 人，11~14 岁的有 308 人，后两者合计占总量的 84.91%，这一比例较 2013 年同期的 81.15% 上升了 3.76 个百分点。

——摘自《代表委员呼吁将防性侵教育纳入课程》

对孩子进行青春期教育

父母要关注青春期孩子的生理发育及心理发展，了解青春萌动时期孩子的特点，并对孩子进行青春期教育。有的父母认为现在的孩子什么都懂，不需要教育；有的父母认为孩子已经长大了，父母说了也不见得能听；还有的父母认为有学校教育就行了，父母只管孩子的生活……这些想法都是偏颇的，学校有学校的教育责任与角度，家庭有家庭的教育责任与角度。对青春期的孩子，父母要多些关爱，多些理解，了解孩子青春期的心理悸动与情绪起伏，了解孩子对性的冲动与渴望，引导孩子正视自己的需求。

生活技能教育必不可少

生活技能的内涵很丰富，通过生活技能方面的教育与培训，可以让孩子学会自立、自护、自尊。高自尊的孩子，更有主见和独立精神，较少依附他人，也较少会依赖从他人那里获得认可来评判自己。这样的孩子更有可能避免性骚扰、性侵犯。父母要根据高中一年级的孩子应掌握的生活技能内容，多给孩子一些生活教育，使孩子成为一个懂生活、有能力的人。如果把成绩看得比能力重、把学习看得比生活重，会本末倒置，使孩子缺乏自立能力和独立精神。

培养孩子形成积极的自我评价

青春期的孩子作为易被性侵的人群，内心对自己不够认可、自卑、缺乏积极评价、早熟等，这不仅使他们习惯从别人的目光、态度中"找到自我"，也使他们在遇到性侵犯时大多不敢告诉父母。父母要经常鼓励孩子，让孩子在自己的身上找到优点，培养孩子形成积极的自我评价。

在生活情境中让孩子学习防范措施

父母可以通过把孩子送到自护营的方式让孩子学习防范性侵的方法，也可以在日常生活的一些细节里提醒孩子，培养孩子的自护意识。例如，当孩子出去和朋友聚会时，父母要提醒孩子不要轻易相信刚认识的陌生朋友，尤其不要单独活动，最好能和相熟的朋友在一起；当孩子要与网友见面时，父母要让孩子了解约会网友的一些注意事项……如果电视、网络上有相关的新闻，父母也可以和孩子讨论一下："遇到那样的事情应该怎么处理？""你有什么好办法呢？""怎样提前发现危险因素？"总之，父母要做有心人，加强对孩子的青春期防护意识教育。

回顾与思考

1. 孩子在校园内被高年级的同学打了，虽说不是很严重，但破了皮，出了血，您是如何处理的？

2. 最近孩子迷上了一个叫《王者荣耀》的游戏，而且偷了您的银行卡充值了上千元，您知道后会怎么办？

3. 孩子最近一段时间内易紧张、睡眠差、心情烦躁，您是否在意？如果您在意，您又是如何引导孩子的？

4. 孩子在网上结交了一个谈得来的网友，网友提出见面。您知道后，会教孩子怎么做？

5. 您是怎样在日常生活细节中提醒孩子，培养孩子的自护意识的？

第 九 章

你问我答

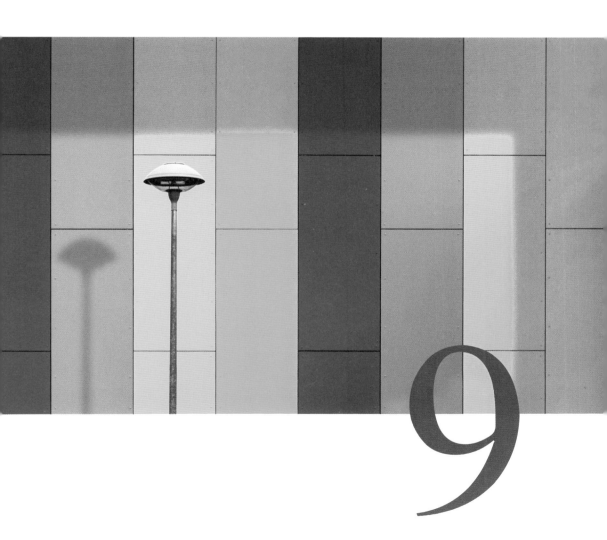

9

1. 孩子成绩一般，做父母的如何跟老师有效沟通？

孩子已经上高中一年级了，我很想和老师沟通，可是我孩子的成绩很一般，所以我不好意思去找老师。而且，我也觉得孩子大了，父母都管不好，老师又怎么能管得了啊？我该怎么办呢？

与老师及时沟通不仅是小学生和初中生的父母要做的事情，高中生的父母也要特别注意。这样可以真实、有效地了解孩子在学校的情况，也便于老师全面、客观地了解孩子在家里的情况，学校与家庭共同努力，为孩子创造更好的成长环境。但是，父母常觉得孩子都上高中了，老师好像管不了多少，或者不知道该跟老师沟通些什么，也不知道用什么方法比较好，总觉得去打扰老师不好意思，如果孩子的成绩不那么如意，父母更觉得脸上无光，甚至害怕找老师沟通。其实，虽然老师每天的教学任务很重，但是老师们都非常希望学生的父母能与自己沟通。

因此，您不要因为孩子成绩不够好有顾虑，也不要以为沟通起不了多大的作用，尽管找准时机积极与老师沟通吧！高中生的家校沟通，父母要注意三点：

①沟通内容：重点是孩子在校的学习状态、学习情绪、是否偏科、同伴关系等。②沟通时机：老师要教育的学生较多，因此不能沟通太频繁，可以选择几个重要的时间点——考试前后、家长会前后、家庭或学校环境有变化、孩子出现某些问题前后。③沟通方式：

不要仅仅局限于家长会上见老师一面，平时可通过电话、微信、短信、写信等形式与老师沟通。

2. 孩子与老师产生矛盾，父母该怎么办?

孩子上数学课时看手机被老师没收了，孩子于是和老师产生了矛盾，两个月来数学成绩急剧下降。我该怎么调和他和老师的关系呢?

"因为不喜欢老师而讨厌他的课程"这样的现象，在初中生、高中生中并不少见。也有的孩子因为喜欢某位老师而喜欢上这位老师的课程，甚至因此影响了自己的兴趣、爱好，最终对一生的职业生涯都有影响。这说明，教师对学生的影响力是非常巨大的。遇到这种情况，父母首先要解开孩子与老师之间的矛盾，要让孩子认识到，老师没收手机是有道理的，是为了他更好地学习。被老师没收手机，孩子的自尊心、成人感、情绪等都会受到影响，父母也要有同情心，要理解孩子的抵触情绪。在理解的基础上，父母要引导孩子换位思考，认识到老师的出发点是好的，但是老师也是凡人，也有做事不够周到的地方。其次，父母可以主动去拜访老师，向老师介绍孩子出现的情况，请老师在课堂、作业等环节上多给孩子一些关注，在孩子取得进步的时候多给予表扬，从而调和师生之间的矛盾。最后，在孩子面前要多赞扬老师的优点，如果有可能的话，最好能创造一些老师和孩子共同活动的机会，使孩子与老师冰释前嫌。

3. 孩子得了考试焦虑症怎么办?

孩子一到考试时就特别焦虑，每次期中、期末考试前都会大哭一场。前些天还说不去参加期末考试了。现在的每一次考试、排名都很重要。这些将来都会作为分班的参考，不去考试的后果简直不敢设想。我该怎么调整她的这种状态呢?

孩子这种状况是考试焦虑的典型表现。考试焦虑症是学生常见的一种情绪反应。例如，害怕、紧张、哭泣等，甚至表现为身体上的疾病，如肚子疼、头晕、心跳加速等。高中生学业任务重、学习压力大，易产生考试焦虑情绪。如果孩子的焦虑情绪过于严重，可考虑咨询心理医生，或者参加一些心理辅导、情绪辅导的团体活动，缓解考前焦虑。从家庭的角度来说，父母能帮助孩子调整的有这样几个方面：第一，调整态度。重新认识考试，重新认识自己。过于重视成绩会使孩子情绪紧张，把自己看得过低，总认为自己不行，加重焦虑情绪。第二，调整期望值。期望值过高，总是达不到，孩子会备受打击。因此，父母和孩子都要把期望值降低一些，目标降低了，考试时心情会放松一些。第三，调整生活安排。有的家庭每到孩子考试前生活状态就发生了变化，比如给孩子加小灶、父母不敢大声讲话、不用孩子做家务、对孩子格外呵护等。这些看似为了孩子好的行为，却烘托了紧张气氛。您要注意调整一下家中的生活气氛，让考试前后的生活与平时一样。另外，需要特别提醒的是，父母不仅要调整孩子的状态，也要注意调整自己的状态。虽然孩子的每次考试成绩都是分班的重要依据，但也并非"后果不堪设想"。如果父母觉得不考试、没考好后果不堪设想，孩子又怎么能不紧张呢？孩子紧张的表现之一就是大哭或逃避。

4. 孩子不爱学习，跟异性来往过密怎么办？

孩子今年 16 岁，女孩，不爱学习，成绩差。更让我担心的是，她和男生来往过密，身边经常有一些不三不四的男生，有一次她还约人打架。我担心她走上犯罪道路。请问，我现在怎么做才能把她拉回来？

从您的叙述来看，孩子出现的问题有些严重，不爱学习、成绩差只是结果，原因可能是多方面的。因此，父母不要只看到孩子表现出来的症状，还要看到症状背后的原因。例如，孩子不爱学习可能是她在学习上遇到困难、不能胜任学习任务，从而导致不爱学习、成绩差；也有可能是孩子受不良伙伴的影响，更喜欢与朋友一起吃喝玩乐，难以把精力用在学习上；还有可能是孩子缺乏学习目标，不知道学习对她意味着什么，能给她带来哪些好处，因此才不想学习。建议父母综合观察孩子的情况，必要时与老师多沟通，一起找到孩子缺乏学习动力的原因，然后对症下药。

此外，对孩子目前表现出来的不良道德行为，父母要特别注意。一般来说，一些品德不良的女生在十三四岁开始热衷于与男生接触，并表现出写作业分心、不交作业、旷课、迟到、喜欢奇装异服等现象。到 15 岁左右，这些孩子的不良品德会表现得更严重，如惹是生非、说下流话、与男生交往过于亲密，甚至有过早的性行为。不过，过了 16 岁以后，由于自制力的发展，以及社会舆论感的增强，孩子的不良行为会有所收敛。父母要做的就是关心孩子的心理需求，尽可能先解决孩子的心理问题。只要心理问题解决了，其他问题就会迎刃而解。另外，密切关注孩子的这些越轨信号，并及时抑制问题行为。

5. 孩子很懂事，但学习成绩不好怎么办?

我儿子什么都好，就是成绩不好。他挺孝顺的，经常帮我们做家务，对同学、对班级也特别热情。如果不谈学习，他真是个好孩子。可是，现在谁不重视成绩啊? 我想起来就烦恼。到底应该怎么看待我的孩子呢?

曾在报纸上看到这样一个案例。四川一个留守男孩高考只考了170 分，却对父母谎称 470 分，当谎言破灭时，他选择了坠崖。这个男孩虽然成绩不好，但是他很懂事。为了不让父母失望，他撒了谎。

他在学校从不惹事，经常沉默地坐在角落里。朋友有困难，他也绝对会去帮忙，即使到了生命的最后，他还会告诉姐姐他在后山崖，担心家里人找不到他。

每个孩子身上都有闪光点。他们也许成绩不好，但是品质优良；他们也许胆小沉默，但是懂事细心；他们也许粗枝大叶，但是有想法敢创造……长处经常被人看到会使人产生存在感，感到自己有价值，从而上升为自尊、自重、上进心等正能量。坠崖的四川男孩就没有存在感，父母只给点儿钱，却不了解他内心的烦恼；学校里老师看他挺乖，不惹事，不添乱；高考这座桥他虽然去闯了一回，但是没闯出好成绩。在他看来，这个世界完全可以没有他，他的人生状态就是"打酱油"，所以他才会产生强烈的孤独感。他曾在微博上说："你们的记忆里会有我吗？"这说明他潜意识里认为没有人会在意他、记得他，没有人会关注他。

所以，对那些成绩平平、始终处于中游甚至下游的孩子，父母要重点发掘孩子的优点，让每个孩子都能像花儿一样绽放，不管是绽放成玫瑰、牡丹，还是绽放成牵牛花、鸡冠花，他们都各有各的精彩。除了在学习上给孩子更多的帮助外，还要放下急功近利的思想，在短处中发现长处，在失败中看到希望，把批评、否定改为赞扬、肯定。越是心里着急，越是要慢慢教育，用微笑对待他们。

6. 孩子在学校里被同学孤立，难以处理与同学的关系，怎么办？

孩子在学校里被同学孤立，怎么办？她内向，不爱说话，成绩也不怎么好，但是她是一个挺善良的孩子，回家就知道哭，不知道怎么改善与同学的关系。我们要把她转学吗？

同伴关系几乎伴随着孩子的一生。从幼儿园时与小朋友的关系，到小学、初中与同学、同龄伙伴的关系，再到高中，孩子对友谊的需求越来越深化。孩子在与朋友的交往中学会社交技巧，并在与同伴的关系中寻找到自信。因此，父母重视孩子与朋友的交往，是非常智慧的教育。您说孩子善良、内向、不爱说话，这是孩子的性格特征；孩子成绩不怎么好，与同伴交往并不密切只是一种表面现象。并不是成绩好的学生就一定朋友多，成绩不好的学生就应该被孤立。孩子感觉没有朋友、被孤立，转学并不是好办法，提升孩子的交往技能才更有效。

首先，帮助孩子在自己身上找原因。青春期的同伴交往更重视亲密关系的建立，孩子的朋友数量不像小学时那么多，但是交往会更深入。这种亲密关系不断延续及巩固，比如说，孩子要懂得处理冲突、学会分享物品、与同伴分享秘密话题、对朋友信任并且诚实、经常进行共同的活动等。相反，如果孩子很少和同伴一起玩、不太和朋友交流、斤斤计较、过度敏感、过于重视自我、遇到冲突或矛盾不知道怎么解决，就会朋友少，严重的情况下还会被孤立。所以，父母要鼓励孩子在自身方面查找原因，要相信大家都是爱与她交往的，只要她克服自己的缺点和不足。

其次，父母要帮助孩子学习一些与朋友交往的技巧。与人交往是需要技巧的，孩子并非天生就会交往，父母要在这些方面多给孩子一些提醒。例如，鼓励孩子多参加同伴活动，提醒孩子在同伴遇到困难时多出手帮忙，同学过生日或其他纪念日可以表达一下小心意，与同学聊天、交流要真诚热情等。虽然孩子已经上高中一年级了，但是她在这方面并未成熟，需要父母多提醒与支持。

第三，培养孩子的自信。被孤立的孩子常常内心苦闷压抑，甚至自卑绝望。尤其是被小团体孤立后，有的孩子说"简直比死还痛苦"。因此，父母要关心孩子的心理健康状况，为孩子找到至少一个闪光点。比如字写得好、打球好、会唱歌、做饭好吃、黑板报出得好……总之，无论是哪一方面，要让孩子有成功的体验，这会给孩子带来自信，在被孤立的岁月里也有阳光、有温暖，不至于让孩子心里特别难过。

最后，如果孩子正在遭遇校园冷暴力，而不是简单地与同学相处不太好，父母要特别关注，可及时与老师沟通，避免孩子遭受心灵的创伤。

7. 孩子比较自我，不喜欢去帮助别人怎么办？

现在的年轻人都特别自我，他们喜欢被帮助，不喜欢去帮助别人。这样的人在社会上是不受欢迎的。我单位里就有一些这样的年轻人，都是名校毕业的，但是"德商"不怎么样。我看我家女儿也是如此，让她带点儿水果给同学吃她都不乐意。我该怎么改变她呢？

孩子长大的一个重要标志就是他的亲社会行为得到发展。也就是说，孩子懂得要做对他人或社会有益的事，例如在他人遇到困难时给予帮助，遇到烦恼时去安慰对方，或者为社会做义工等。这些都是亲社会行为。高中生的道德认识水平逐渐提高之后，会表现出一定的亲社会行为。您提到的当前的年轻人中存在的一些问题，就是亲社会行为发展不够。

亲社会行为随着年龄的增加有显著的增长。孩子已经进入高中，父母更要注重对孩子进行亲社会行为的培养，这样才能使孩子更好地进入社会，成为对他人、对社会有益的人，成为受大家欢迎的人。家庭是孩子学习亲社会行为的第一场所，父母是孩子亲社会行为的直接榜样。因此，在民主型的家庭中，父母鼓励孩子助人为乐、关心他人等行为能得到孩子积极的回应，也使家庭的影响力增大。如果父母比较专制，不尊重孩子，不鼓励孩子与人交往，孩子也难以形成良好的亲社会行为。此外，父母还可以对孩子进行一些移情训练，也就是让孩子通过训练能识别他人的表情、举动的含义，为他们的情感设想，考虑他人的感受等。例如，当有人帮助了您的孩子，您要提醒孩子好好感受一下被帮助的感觉。看到身边遇到困难的人、电视新闻中一些帮助他人的感人事件，父母也可以主动给孩子讲讲，启发孩子去感受和思考。父母还可以带孩子去参加一些有趣的志愿活动，或鼓励孩子与同学一起参加这类活动，使孩子感受到助人的乐趣。

8. 孩子自大与自卑并存怎么办?

儿子像个双面人，有时候很自大，好像什么都能干；有时候又很自卑，总说自己不行。哪一个才是真正的他呢?

其实，哪一个都是真正的他。孩子在青春期容易表现出这种两面性：一会儿觉得自己特别优秀，独一无二；一会儿又觉得自己太差劲了，各方面都不如别人。这是由处于青春期的高中生心理上与情感上两极性的特点决定的。在心理上他们自尊与自卑并存，在情感上他们肯定与否定、积极与消极并存。例如，有的时候，孩子看起来挺内向的，什么心思都不爱告诉父母，甚至对好朋友也不说；有的时候，他们又情感很外露，在人群中活跃得很，又笑又叫又闹……无论哪一种状态，都是孩子真实的行为。

孩子情感上的这种不稳定性，会随着年龄增长逐渐趋向稳定，孩子对情绪的自我控制能力、调节能力也会逐渐提升。父母要做的是了解孩子的心理特点，知道孩子这种心态不平衡产生的原因，在生活中接纳孩子、理解孩子，并加以引导。在引导方面，重要的是培养孩子的挫折忍耐力。人在遇到挫折时就会情绪低落，看不起自己。父母要培养孩子在遇到挫折时能客观地分析问题、客观地评价自己，并有效地调整情绪。

9. 父母应该怎样帮助孩子降低上网风险？

孩子在上网的过程中容易遭受网络诈骗、不良信息、网络欺凌等危害。作为父母，应该怎样帮助孩子降低上网的风险？

中国青少年研究中心有一项针对中、美、日、韩四国高中生的调查。研究发现，中国的高中生和美国、日本、韩国的高中生相比，受到网络欺凌和诈骗的比例更高一些，尤其是密码被盗、被各种虚假的付款信息骚扰、被暴力色情信息侵犯的比例较高，而且在网上被骂被黑的比例也较高。但是，中国高中生接受的网络安全学习的比例却比较低。您提出来的这个问题非常有意义，是互联网时代青少年成长中的一个重要风险。

要保护孩子在互联网时代的安全，家庭方面需要父母及时学习，懂得网络，接纳网络，不能用拒绝的态度对待网络。有的父母认为自己不上网，家里也不接入网络，不使用电脑，这样孩子就安全了。父母越是采取拒绝的态度，孩子在网络上越容易受到侵害。这是因为在互联网时代父母如果严重落后于孩子，孩子只能到网络上、到外面的世界去寻求安慰。父母的教育越无力，孩子面临的风险就越大。父母要和孩子一起提升媒介素养，看到一些网络欺诈等新闻事件，和孩子唠唠，听听孩子的意见，一起讨论一下"如果是我，会怎么办"等问题。

另外，父母还要关注孩子的网络道德。现在，网络的虚拟性越来越小，网络上的很多功能都需要实名制才能使用。网络上的一些过激行为也要承担法律责任。父母要在这方面加强教育，使孩子严格自律，既严格约束自己，也保护自己的网络安全。

10. 孩子没有理想怎么办?

孩子没有理想怎么办？小时候他还想当医生、当老师呢，大了却没有理想了，一问就说不知道。我担心孩子没有理想就没有目标，没有目标就缺乏动力。

高中生的理想与初中生有很大的不同。小学时和初中低年级时，孩子的理想大多比较具体，就像您的孩子小时候常说的那样"想当医生""想当老师"。随着年龄的增长，他们的理想逐渐"模糊"。实际上，并非孩子没有理想了，而是他们的理想更综合、更概括了。尤其是孩子升入高中以后，他们的理想更现实，不再像小学生那样肤浅，也不像初中时那样易变。一般来说，小学生处于理想的准备与萌芽期，初中生处于理想形成期，高中时最终确立理想。孩子正在读高中一年级，可以说是从理想形成期向确立期过渡的阶段，这时孩子的人生观还未完全定型，人生理想与人生观密切联系，所以他的理想也在逐步形成阶段。职业理想方面，多数还是刚刚开始面对。所以，您不用对此有过多的担心。

但是，对孩子进行理想教育还是很有必要的。一个人理想的形成，与其对自我、对社会的认识有密切关系，也与家庭教育、学校教育、社会影响有很大的关系。父母要结合孩子的年龄特点、性格特点等因素，对孩子进行激发理想的教育。比如，培养孩子的兴趣爱好，养成好的行为习惯，增加孩子认识社会的机会等，为孩子创造一些体验理想的角色或工作的条件等。

11. 有什么办法让孩子离开坏朋友呢？

孩子最近认识了一帮小青年，听说有的孩子特别爱打群架。我担心孩子会变坏。请问，有什么办法让孩子离开那些坏朋友呢？

同伴关系、小团体是孩子在成长的过程中个性发展的重要条件，孩子的业余时间大多与同伴或小团体一起度过，他们一起玩，一起讨论流行文化、时尚话题等，一起分享电影、节目、游戏……因此，"团伙儿"对中学生很重要，是他们认知社会的重要组成部分。"团伙儿"虽然对孩子的成长很重要，但是父母也要重视小团体的一些不良影响。例如，如果孩子经常与一些爱打架的朋友在一起，受同伴压力的影响，孩子也容易沾染这些不良习气。

首先，父母要确定孩子是否真的交往了不良团伙。小团伙对孩子既有利也有弊，有些小团伙并没有太大的问题，只是孩子的一些行为不让父母、老师喜欢而已。对这样的小团伙，父母要宽容与理解，不要因为怕孩子学坏就禁止孩子与他们交往。其次，如果孩子交往的伙伴确实不良，父母可采取隔离的办法，比如趁着假期带孩子去旅游，隔断他与不良伙伴的来往。同时，父母还要给孩子提出好的建议，向他们推荐新的朋友，或者鼓励孩子多交好朋友。最后，父母采取的方法要以温和的引导为主，不要用过激的方法，以避免引起孩子的逆反与对抗。

12. 孩子喜欢上老师怎么办？

孩子喜欢上了她的老师。我在她的手机上、本子上看到一些片段的文字，大意就是特别想念那位老师，特别想回到初中去。我对那位老师有印象，是她九年级时的一位化学老师，那位老师已经40

多岁了。孩子每天沉浸在幻想和爱恋的情绪里，太影响学习了。我们做父母的应该怎么办呢？

您的孩子爱上老师是青春期性生理发育、性心理发育的一种表现。父母遇到这种情况，首先不要惊慌，要相信这是孩子的正常表现。美国心理学家认为，青春期的性意识分为四个阶段：在青春前期，孩子对异性大多采取躲避、冷淡的策略，虽然内心渴望，但并不愿意真实地与异性交往，这种情况一般出现在小学高年级、七年级、八年级。到青春中期，孩子会出现类似您女儿这种师生恋的情况，他们会喜欢年长很多的异性，但这种喜欢大多是默默关注，如您的女儿那样写很多文字或日记，但是大多不会真的去追求年长的异性，这种情况大多出现在九年级、高中一年级。第三阶段是狂热期，青春期的孩子对异性特别好奇，想吸引异性注意，会积极与异性交往，这种情况大多出现在高中一年级、高中二年级。第四阶段是恋爱期，就是对异性的爱恋比较固定，这一阶段大多出现在高中三年级、大学等。所以，您的孩子现在正处于第二阶段。

面对这种状况，父母首先要尊重、理解孩子的情感，不要发现孩子隐约的恋情就把孩子批评一顿，甚至上升到道德层面，认为孩子道德败坏，或者到学校去找老师算账。在理解与尊重的基础上，父母要善于疏导这种情感。第一，与孩子建立密切和信任的关系，父母与子女的关系和谐了，孩子才不至于依恋其他年长的异性。第二，扩大孩子的交往圈，推动孩子多与同伴交往。第三，了解孩子的青春需求，他们需要爱、依恋、呵护，在生活中要尽量满足孩子的需求。

13. 孩子爱上网友怎么办?

我女儿以前学习成绩不错,最近成绩下降严重。我查看了她的手机才发现她在恋爱,那个男孩子还是网友。她才上高中一年级啊,我该怎么劝阻她呢?

看到您的问题,笔者想起前不久在网络上看到的一条新闻。大连与上海的两个高中生网恋,因为父母不同意二人见面,为了向父母示威,他们用 502 胶水把两个人的手粘在一起,高调"秀恩爱",意思是两个人再也不分开。可见,随着网络的普及,网恋已经不是新鲜事儿,尤其正处于青春发育期的高中生,他们精力充沛、情感丰富,希望有知心朋友,希望找到情感共鸣的异性朋友,渴望浪漫的爱情,网络虚拟与开放的特点更使高中生容易陷入网恋的旋涡中。父母想要阻止已经读高中的孩子恐怕很困难,理智的办法是积极引导,做好情感纾缓工作。

第一,父母要了解孩子网恋的心理需求。多数高中生是因为想找个能慰藉情感的知心朋友说说心里话,网络语言、表情、符号、音乐、视频等都能使交流较有魅力。因此,当您发现孩子网恋了,要明白是孩子特别需要情感交流。第二,说明孩子正处于青春萌动期,对爱情、异性、性等问题有了一定的好奇与思考。这也说明孩子正在长大,网恋是他们表达自我的渠道。

当父母知道孩子网恋时,不要暴跳如雷,也不要采取没收电话、偷看手机、翻书包、给对方打电话、找对方父母、告诉老师等举动。这些行为易引起孩子的逆反，甚至离家出走。父母要先从理解孩子的角度出发，和孩子聊聊，给孩子一些帮助和提醒。例如，见网友要注意的一些问题等。如果能用一些新闻事件旁敲侧击一下也好。另外，父母要关注孩子的情感需求。研究发现，与父母关系疏远的孩子，尤其是那些与母亲关系僵硬的孩子，更容易陷入网恋中。平时多增加亲子活动的时间，多与孩子沟通，使孩子的情感有归属，他们就不会深陷网恋而无法自拔。父母还要鼓励孩子多与朋友交往，扩大孩子的生活圈子，丰富孩子的生活。总之，围追堵截不是办法，因势利导才是智慧。

14. 让孩子远离网络色情有什么高招吗？

孩子经常偷偷在网上看一些色情图片，前些天还把从网上下载的色情小视频发给班里的同学。为此，老师专门把我和孩子爸爸叫到学校去，真让我又气又羞。可是，我儿子好像满不在乎。请问，我该怎么和他谈呢？

网络色情给青少年带来的影响自不必多言。作为互联网的主力军，很多中学生正遭受着互联网色情、暴力信息的侵扰，有些色情信息混杂在一些正常的信息中传播，有些诈骗信息混杂在色情信息中传播。这些眼花缭乱、五光十色的网络信息的确让孩子们有些防不胜防。孩子观看并传播色情小视频，一方面父母要了解孩子行为背后的原因，毕竟青春期的孩子性意识已经萌动，对性有强烈的渴望与需求，观看色情图片是他们性需求的表现。因此，在与孩子交谈时要心平气和，从理解与尊重的角度与孩子沟通，这样也便于更好地引导孩子。父母也要对孩子进行一定的青春期教育，使孩子学会释放青春期的性意识萌动能量，如多运动、多与朋友交往等。对孩子传播小视频的行为，父母要告诉孩子行为的边界是什么。例如，我国刑法第364条就规定：

传播淫秽的书刊、影片、音像、图片或者其他淫秽物品，情节严重的，处二年以下有期徒刑、拘役或者管制。

组织播放淫秽的电影、录像等音像制品的，处三年以下有期徒刑、拘役或者管制，并处罚金；情节严重的，处三年以上十年以下有期徒刑，并处罚金。

制作、复制淫秽的电影、录像等音像制品组织播放的，依照第二款的规定从重处罚。

向不满十八周岁的未成年人传播淫秽物品的，从重处罚。

虽然孩子还属于未成年人，而且仅发给班里的几个同学，还算不得"传播""组织播放"，但高中一年级的孩子大多年满16岁，已经开始承担法律责任。父母要向孩子介绍法律知识，让孩子了解任何人的行为都是有边界的。作为一个社会人，要遵守法律的规定。

15. 孩子喜欢谈论同性恋话题怎么办？

我是一位父亲，正读高中一年级的儿子在家里经常谈起同性恋话题，说班里有的男生公然宣称自己是"GAY"（男同性恋）。孩子会不会受影响也变成同性恋呢？

随着青春期生理心理的发育与发展，孩子的性意识、性取向都有了进一步的发展，对同性恋、异性恋等问题感兴趣也是情理之中的事情。正因为他们好奇、感兴趣，所以一些与父母日常沟通比较顺畅的孩子才会经常在家里说起这些敏感话题。孩子谈论这些时，父母不要抵触与打断，要多给孩子提问与表达的机会。这也是孩子把自己的感受、思考与父母分享。这是父母对孩子进行性价值观教育、性道德教育的好时机。

另外，一些男生喜欢宣称自己是"GAY"，并非真正是同性恋。在一些孩子眼里，"GAY"比较时髦、另类、独树一帜，他们到处宣称自己的性取向，无非是想证明自己"与众不同"。如果孩子真的意识到自己确实有不同于他人的性取向，他们大多数不会到处宣扬，甚至会感到困惑、不安，想掩藏自己的性取向。而且，即使真有同学是同性恋，他们也不会把性取向"传染"给他人。当今，大多数生物学家、心理学家、医学专家都认为性取向是由先天决定的，无法通过后天改变。所以，您不必为此感到困扰，担心孩子会成为同性恋。

主要参考文献

1. 海灵格 . 爱的序位：家庭系统排列个案集［M］. 霍宝莲，译 . 北京：世界图书出版公司，2014.

2. 海灵格 . 心灵之药：身心疾病的系统排列个案集［M］. 周鼎文，译 . 北京：世界图书出版公司，2011.

3. 布莱克曼 . 心灵的面具：101 种心理防御［M］. 毛文娟，王韶宇，译 . 上海：华东师范大学出版社，2011.

4. 孙云晓，弓立新 . 现代家庭教育智慧丛书（高中版）［M］. 北京：法律出版社，2011.

5. 武志红 . 为何家会伤人［M］. 北京：北京联合出版公司，2014.

6. 雷雳，马晓辉 . 中学生心理学［M］. 杭州：浙江教育出版社，2015.

7. 张旭东，孙宏艳 . 从"90 后"到"00 后"——中国少年儿童发展状况调查报告（2005—2015）［M］. 北京：中国青年出版社，2016.

8. 林崇德 . 中学生心理学［M］. 北京：中国轻工业出版社，2013.

9. 金大陆，黄洪基 . 学会共处［M］. 北京：北京出版社，1999.

后 记

　　《这样爱你刚刚好》是自孕期开始至大学阶段一套完整的新父母教材，全套共20册，0—20岁每个年龄段一本。之所以如此设计，是基于向不同年龄孩子的父母提供精准专业服务的需要。与常见的家庭教育图书相比，它不是某一位作者的个人体会和心得，而是40余位国内家庭教育专家集体研究和讨论的结晶，具备完整、科学的体系，代表了我国家庭教育发展的主流。

　　全国政协副秘书长、民进中央副主席、中国教育学会家庭教育专业委员会理事长、新教育实验的发起人朱永新教授，最先提出了编写如此庞大规模的新父母教材的设想，并且担任了第一主编。我和新家庭教育研究院副院长蓝玫一起，与中国青少年研究中心家庭教育研究所所长、《少年儿童研究》杂志主编刘秀英编审，中国青少年研究中心少年儿童研究所所长孙宏艳研究员和上海师范大学学前教育系主任、博士生导师李燕教授三位分主编，讨论并确立了本套教材的编写框架。

　　在中国的家庭教育领域，已经有多种多样的教材或读本，但水平参差不齐，而决定质量的关键因素是编写思想与专业水准。因此，新家庭教育研究院联合中国青少年研究中心和上海师范大学一起组建高水平的专业团队，来完成这一重大而具有创新意义的任务。具体分工如下：由上海师范大学学前教育系承担孕期及学前教育阶段的编写任务，由中国青少年研究中心家庭教育研究所承担小学教育阶段的编写任务，由中国青少年研究中心少年儿童研究所承担中学教育及大学阶段的编写任务。

中学阶段的作者是：七年级、中国青少年研究中心少年儿童研究所副研究员赵霞；八年级、中国青少年研究中心原特约科研人员、北京师范大学在读博士王丽霞；九年级和高一年级，中国青少年研究中心少年儿童研究所所长、研究员孙宏艳；高二年级，中国青少年研究中心少年儿童研究所副编审张旭东；高三年级，中国人民大学附属中学教师杨卓姝。

我与刘秀英、孙宏艳和李燕三位分主编担任了审读与修改任务，在我突患眼疾的情况下，蓝玫副主编、首都师范大学副教授李文道博士承担了部分书稿的审读任务。第一主编朱永新教授亲自审读了每一册书稿，并提出了细致的意见，承担了终审的责任。

湖南教育出版社在黄步高社长的坚强领导下，不仅以强大的编辑团队完成了出版任务，而且创办了一年一度的家庭教育文化节，为推进我国家庭教育发展提供了强大的学术支持，展现了优秀出版社的远见、气魄和水准。

作为一个从事教育事业45年的研究者，我撰写和主编过许多著作，却很少有过编写新父母教材这样细致而艰巨的体验：从研讨到方案，从创意到框架，从思想到案例，从目录到样章，等等。尽管如此，这套教材还存在很多不足。同时我也深知，一套教材的使命，编写与出版其实只是完成了一半，另一半要依靠读者完成。或者说，只有当读者认可并且在实践中发展和创新了，才是一套教材的真正成功，也是对作者和编者的最高奖赏。

我们诚恳希望广泛听取读者和专家学者的批评指正，我们对您深怀敬意和期待！

孙云晓

2017年9月

图书在版编目（CIP）数据

这样爱你刚刚好，我的高一孩子 / 朱永新，孙云晓，孙宏艳主编. —长沙：湖南教育出版社，2017.11（2022.4重印）

ISBN 978-7-5539-5741-8

Ⅰ.①这…　Ⅱ.①朱…　②孙…　③孙…　Ⅲ.①高中生—家庭教育　Ⅳ.①G782

中国版本图书馆CIP数据核字〔2017〕第214047号

ZHEYANG AI NI GANGGANGHAO,
WO DE GAOYI HAIZI

书　　名　这样爱你刚刚好，我的高一孩子
出 版 人　黄步高
责任编辑　易　武　李海棠
封面设计　天行健设计
责任校对　胡　婷　鲍艳玲
出　　版　湖南教育出版社（长沙市韶山北路443号）
网　　址　http://www.hneph.com
电子邮箱　hnjycbs@sina.com
微信服务号　极客爸妈
客　　服　电话 0731-85486979
发　　行　新华书店
印　　刷　长沙新湘诚印刷有限公司
开　　本　787mm x 1092mm　16开
印　　张　12.25
字　　数　100 000
版　　次　2017年11月第1版
印　　次　2022年4月第4次印刷
书　　号　ISBN 978-7-5539-5741-8
定　　价　48.00元